Ein WAS IST WAS Buch

Leichtathletik

Von Jan Krebs und Paul Nienhaus

Illustriert von Peter Klaucke und Frank Kliemt

Tessloff Verlag

Vorwort

Die Leichtathletik ist heute, vor Fußball und Tennis, weltweit der beliebteste und am meisten ausgetragene Sport. Wie schon vor 2000 Jahren im antiken Griechenland, so bildet sie auch heute das Herzstück der Olympischen Spiele. Jedem Leichtathleten, der eine olympische Medaille errungen hat, ist für viele Jahre großer Ruhm sicher.
Leichtathletische Übungen gehören schon seit der Vorzeit zum natürlichen Bewegungsablauf des Menschen, und so bilden sie auch die Grundlage für die meisten anderen Sportarten. Wie sähe ein Ballspiel ohne Laufen und Spurten aus, was wäre ein Torwart ohne Sprungvermögen? Um die olympischen Leichtathletikdisziplinen ranken sich unzählige Geschichten. Woher hat der Marathonlauf seinen Namen? Wann wurde bei einem olympischen Endlauf eine Runde zuviel gelaufen, weil man sich schlicht verzählt hatte? Kann man sich vorstellen, daß Kampfrichter einen Siegeswurf nicht anerkennen, weil sie ihn nicht gesehen haben?
Das vorliegende WAS IST WAS-Buch will in Wort und Bild die Ursprünge und die Entwicklung der Leichtathletik aufzeigen. Es wird allen Sportbegeisterten fundiertes Wissen über Läufe, Sprünge, Würfe und Mehrkämpfe vermitteln, aber auch auf mögliche Gefahren, besonders durch das Doping, hinweisen. Gewürzt mit lustigen Anekdoten und bemerkenswerten sportlichen Leistungen, wird das Buch auch dem Leser, der noch keinen Zugang zur Leichtathletik gefunden hat, einen interessanten Einstieg in diese einzigartige Sportart ermöglichen.

Jan Krebs und Paul Nienhaus

WAS IST WAS, Band 49

■ Dieses Buch ist auf chlorfrei gebleichtem Papier gedruckt.

Bildquellennachweis:
Lorenz Baader, München: S. 17 u, S. 19, S. 34, S. 44 ol; Bildarchiv Preußischer Kulturbesitz, Berlin: S. 6 o, S. 8 o, S. 16 u; dpa, Frankfurt: S. 12 u, S. 18, S. 20, S. 24 o, S. 35; Historia-Photo, Hamburg: S. 6 u, S. 9 r, S. 17 o; Internationales Olympisches Komitee, Bildarchiv, Lausanne: S. 44 u; Hanns Krebs, Marktoberdorf: S. 25, S. 27 r, S. 31; Historisches Farbarchiv Albert Messerklinger, München: S. 7, S. 9 l, S. 16 o, S. 39; Sven Simon, Essen: S. 11 r, S. 15, S. 24 u, S. 28, S. 32 u, S. 44 or, S. 45 l; Süddeutscher Verlag, Bilderdienst, München: S. 21 r, S. 36, S. 47; Ullstein Bilderdienst, Berlin: S. 8 u, S. 13, S. 23, S. 26, S. 32 o; Pressebildagentur Werek, München: S. 10, S. 11 l, S. 12 o, S. 21 l, S. 27 l, S. 29, S. 33, S. 37, S. 38, S. 40, S. 41, S. 42 o, S. 42 u, S. 45 r, S. 46, S. 48
Umschlagfotos: Lorenz Baader, München; Deutsche Presse Agentur, Frankfurt am Main; Hanns Krebs, Marktoberdorf; Historisches Farbarchiv Albert Messerklinger, München; Sven Simon, Essen; Pressebildagentur Werek, München
Umschlagillustration: Peter Klaucke
Illustrationen: Peter Klaucke: S. 1, S. 3, S. 4/5, S. 10, S. 14, S. 18, S. 22/23, S. 29, S. 36/37, S. 43, S. 46
Frank Kliemt: S. 13, S. 15, S. 26/27, S. 30/31, S. 34/35, S. 38/39, S. 40/41

ISBN 3-7886-2890-1

Weitere Titel siehe letzte Seite.

Inhalt

Die Ursprünge

Weltsport Leichtathletik

Die Läufe

Die Sprünge

Die Würfe

Die Mehrkämpfe

Doping

Die Ursprünge

Wie entstand der sportliche Wettkampf?

Laufen, Springen und das Werfen von Gegenständen gehören seit Urzeiten zu den wichtigsten Fertigkeiten des Menschen. Denn nicht immer hatte Sport mit Leistungsstreben oder Freude am Spiel zu tun. Für unsere Vorfahren war er vielmehr lebensnotwendig.

Wann genau der erste Mensch einen Stein warf, einen Speer schleuderte oder ein Hindernis übersprang, wird sich nie genau sagen lassen. Aber gewiß ist, daß schon vor 500 000 Jahren und früher der Urmensch sich dieser körperlichen Fähigkeiten bedienen mußte. Wer nicht schnell und ausdauernd laufen konnte, kam auf der Jagd nicht nahe genug an ein Wild heran oder konnte nicht genügend Abstand zu gefährlichen Tieren oder dem Feind halten.

Wie oft mag ein Sprung über ein Gewässer, einen Felsen oder ein sonstiges Hindernis einem Menschen das Leben vor einer natürlichen Bedrohung gerettet haben? Durch die frühe Erfindung des Wurfspeers wurde außerdem die natürliche Reichweite des Menschen beträchtlich ausgedehnt und seine Stärke als Jäger und Krieger vervielfacht. Sportliche Leistungsfähigkeit entwickelte sich also beim Urmenschen aus dem Selbsterhaltungstrieb, der ihn auch stets zwang, seine Fertigkeiten zu steigern, also zu trainieren.

Vorformen der heutigen Leichtathletik gab es bereits in der Steinzeit. Der Speer diente dem Urmenschen als Jagd- und Verteidigungsgerät.

Seit jeher ist es zudem ein menschliches Bedürfnis, die eigenen körperlichen Fähigkeiten mit denen anderer zu vergleichen. Als frühe sportliche Wettkämpfe kann man kriegerische Spiele ansehen. Dabei mußten junge Männer von Sippen und Stämmen ihre Stärke und Geschicklichkeit unter Beweis stellen, indem sie ihre Leistungen im Laufen, Springen, Werfen und Ringen verglichen. Die jungen Krieger sprangen über ein Pferd oder durch ein Feuer und liefen um die Wette. Kriegerische Disziplinen hatten später auch bei den Olympischen Spielen in Griechenland ihren Platz: Im Jahr 520 v.Chr. wurde dort erstmals der Waffenlauf ausgetragen, bei dem die Teilnehmer mit Helm, Schild und Beinschienen eine Strecke von etwa 180 Metern laufen mußten.

Sportliche Wettkämpfe gab es zu verschiedenen Zeiten in allen Teilen der Welt: nicht nur bei Griechen und Römern, sondern auch bei den Germanen, den Indianern Süd- und Mittelamerikas, bei den Indern, den Chinesen und den Mongolen. Das überliefern uns schriftliche Zeugnisse und künstlerische Darstellungen wie Vasenbemalungen und Höhlenzeichnungen.

Das Innenbild dieser griechischen Schale aus dem Jahr 530 v. Chr. zeigt Sportler beim Laufen, Ringen, Weitsprung, Speerwurf und Faustkampf.

Wandmalereien geben Zeugnis von der Vergangenheit. Diese Ringergruppen zieren die Wand eines fast 4000 Jahre alten ägyptischen Felsengrabes.

Besondere Bedeutung gewannen die sportlichen Vergleiche bei den antiken Olympischen Spielen. In Olympia auf dem Peloponnes entwickelten sich die heiligen Spiele zu Ehren des höchsten Gottes Zeus vom achten bis zum fünften Jahrhundert v.Chr. zu ihrer endgültigen Form. Als Beginn der Olympischen Spiele gilt das Jahr 776 v.Chr. Seit dieser ersten »offiziellen« Olympiade wurden die Namen der Sieger (Olympioniken) in Siegerlisten aufgezeichnet. Man vermutet allerdings, daß schon lange vor dieser Zeit Vorläufer der heiligen Spiele stattfanden. Neben Pferderennen, Wagenrennen, Faust- und Ringkampf gehörten auch schon Disziplinen zum olympischen Programm, die in abgewandelter Form die Hauptbestandteile unserer heutigen Leichtathletik ausmachen: Diskuswurf, Weitsprung, Speerwurf sowie Kurz- und Langstreckenläufe zwischen 192,28 Metern und 4,61 Kilometern.

Am ältesten und populärsten war der Sprint über ein Stadion, ein Längenmaß, das 600 Fuß entsprach. Da die Fußmaße sich von Gegend zu Gegend unterschieden, war die Länge dieser Strecke nicht überall gleich. Maß sie in Olympia 192,28 Meter, betrug sie in Athen 184,30.
Einige Siegerwerte sind uns überliefert, beispielsweise die 52 Fuß (rund 16 Meter) im Weitsprung, die Chionis von Sparta 656 v.Chr. erreichte. Solche Werte zeigen, daß die antiken Disziplinen sich wohl teilweise von den unseren unterschieden. So vermutet man, daß der Weitsprung aus dem Stand ausgeführt wurde und aus mehreren Sprüngen bestand, deren Gesamtweite gewertet wurde.

Was versteht man unter Leichtathletik?

Ursprünglich ergab sich der Begriff »Leichtathletik« aus der Einteilung der Sportarten der griechischen Antike in schwere und leichte Wettkampfübungen.
Das Wort »Athlet« kommt aus dem Griechischen und bedeutet »Wettkämpfer« oder »muskulös gebauter Mann«. Zu den leichten Athletikdisziplinen gehörten Lauf, Sprung und Speerwurf. Schwere athletische Übungen (das heißt Disziplinen, die besonders viel Kraft verlangen) waren unter anderem Faustkampf, Gewichtheben, Ringen und – im Gegensatz zu heute – auch Diskuswerfen.
Am Anfang des 20. Jahrhunderts wurden nach englischem Vorbild die Sportarten neu zusammengefaßt. Zur modernen Leichtathletik zählt man heute die Sportarten, die aus den natürlichen Bewegungen des Laufens, Springens, Werfens und Stoßens entstanden sind. Sie werden als Einzel-, Mehr- und Mannschaftskämpfe ausgetragen. Die Leichtathletik ist Hauptbestandteil der Olympischen Spiele.
Olympische Disziplinen der Damen sind: Läufe über 100, 200, 400, 800, 1 500, 3 000 und 10 000 Meter, Marathon, 100 Meter Hürden, 400 Meter Hürden, 4x100-Meter-Staffel, 4x400-Meter-Staffel, 10 Kilometer Gehen, Hochsprung, Weitsprung, Kugelstoßen, Diskuswerfen, Speerwerfen und Siebenkampf. Olympische Disziplinen der Herren sind: Läufe über 100, 200, 400, 800, 1 500, 5 000 und 10 000 Meter, Marathon, 110 Meter Hürden, 400 Meter Hürden, 3 000 Meter Hindernis, 4x100-Meter-Staffel, 4x400-Meter-Staffel, 20 und 50 Kilometer Gehen, Hochsprung, Weitsprung, Dreisprung, Stabhochsprung, Kugelstoßen, Diskuswerfen, Speerwerfen, Hammerwerfen und Zehnkampf.

Der Ringkampf war in der Antike eine überaus beliebte Sportart. Es gab jedoch damals keine Gewichtsklassen.

Wie entwickelte sich die Leichtathletik?

Als Ursprungsland des modernen Sports gilt Großbritannien. Seit Ende des 18. Jahrhunderts war Leichtathletik dort neben vielen anderen Sportarten wie Golf, Pferderennen, Rudern oder Fußball weit verbreitet. Schon zwischen 1830 und 1860 gab es Leichtathletikwettkämpfe zwischen Mannschaften verschiedener Universitäten, an denen besonders eifrig Sport getrieben wurde. Als Geburtsstunde der *track-and-field sports* (das ist die engli-

sche Bezeichnung für Leichtathletik) gilt der 5. März 1864, als zum ersten Mal die Universitätsmannschaften von Oxford und Cambridge gegeneinander antraten. Auch heute finden vergleichbare Wettkämpfe noch statt, so beispielsweise die alljährliche Ruderregatta mit Booten dieser beiden berühmten Universitäten.
Im Jahr 1866 wurden in England die ersten britischen Leichtathletikmeisterschaften der Amateure ausgetragen, zehn Jahre später in New York die ersten Titelkämpfe der USA. Der erste internationale Leichtathletikwettkampf wurde 1895 in New York zwischen dem New York Athletic Club und dem London Athletic Club veranstaltet. Dabei gewannen die Amerikaner alle elf ausgetragenen Konkurrenzen!

Sprünge aus dem Stand gehörten 1900 bis 1912 zum olympischen Programm. Ray C. Ewry nannte man wegen seiner Sprungkraft den »Gummimenschen«.

Mit einem zusammengebundenen Beinpaar gingen die »Dreibeinläufer« ins Rennen. Die um 1900 sehr beliebte Disziplin setzte sich nicht durch.

Auch 1896, bei den ersten modernen Olympischen Spielen in Athen, bildete die Leichtathletik mit zwölf Wettbewerben das Kernstück: 100 Meter, 400 Meter, 800 Meter, 1 500 Meter, Marathon, 110 Meter Hürden, Hoch- und Stabhochsprung, Weit- und Dreisprung, Kugelstoßen und Diskuswerfen – allerdings nur für Männer, denn Frauen waren damals noch nicht zugelassen. Von 1900 bis 1912 fanden auch Standsprünge statt. Das sind Wettbewerbe ohne Anlauf im Hoch-, Weit- und Dreisprung. Dabei gewann der Amerikaner Ray C. Ewry, der in jungen Jahren an Kinderlähmung erkrankt war, acht olympische Goldmedaillen – zählt man die Zwischenspiele von 1906 mit, waren es sogar zehn. Damit gehört Ewry zu den erfolgreichsten Olympioniken aller Zeiten.
Seit Beginn des modernen Sports gab es einen Unterschied zwischen den *sports* der Reichen, Adligen und den volkstümlichen *games* der unteren sozialen Schichten. Während für englische Gentlemen oder Studenten die Leichtathletik eher Zeitvertreib war, gab es schon in der zwei-

ten Hälfte des 19. Jahrhunderts einige Sportler aus unteren Schichten, die als sogenannte *professionals* (Profis) von einem Sponsor, meist einem reichen Adligen, abhängig waren und allein vom Sport lebten. Der Berufssport war oft die einzige Möglichkeit, sozial aufzusteigen. Dennoch blieb der Amateursport vorherrschend.
Und so lag die Idee des Amateurathleten, der Sport nur aus Freude betreibt, auch dem von Pierre de Coubertin wiederbelebten olympischen Gedanken zugrunde. Der Franzose gründete 1894 das Internationale Olympische Komitee und war maßgeblich für die Wiedereinführung der Olympischen Spiele im Jahr 1896 verantwortlich. An den Spielen durften ursprünglich nur diejenigen Athleten teilnehmen, die mit dem Sport kein Geld verdienten, sondern ihn nur in ihrer Freizeit ausübten.
Im Lauf des 20. Jahrhunderts nahm die Verstädterung weiter zu, das heißt die Bevölkerungsdichte in den Großstädten stieg stetig an. Dadurch entwickelten sich der Sport und speziell die Leichtathletik besonders für die unteren Schichten zu einem Mittel der Erholung von der oft harten und eintönigen Arbeit. Auf diese Weise konnte man sich von den Berufsstrapazen ablenken und geistige und körperliche Kräfte neu aufbauen.

Der Neubegründer der Spiele, Pierre de Coubertin (zweiter von links), mit anderen Gründungsmitgliedern des Internationalen Olympischen Komitees.

Ein antikes Stadion diente als Vorbild für das Athener Olympiastadion von 1896. Hier fanden die ersten Olympischen Spiele der Neuzeit statt.

Seit den 70er Jahren hat der Sport in der Öffentlichkeit weiter an Bedeutung gewonnen. Der Wunsch des Publikums nach Rekorden kann heute vom Athleten nur noch erfüllt werden, wenn er sich dem Sport vollständig hingibt, ihn also als Beruf ausübt. Durch die ständig zahlreicher werdenden Fernsehübertragungen können Firmen, die bei Sportveranstaltungen werben, weltweit Zuschauer erreichen. Viele Industriezweige leben heute vom Sport. So ist es verständlich, daß die Athleten als die eigentlichen Hauptdarsteller von dem großen Geldkuchen ihren Anteil fordern.
Infolgedessen ist der »Amateurparagraph« 1971 aus der olympischen Zulassungsregel gestrichen worden. Die Zulassung der Athleten liegt seither bei den Internationalen Sportverbänden. Jeder olympische Sportverband hat für seine Sportart eine Zulassungsbestimmung ausgearbeitet, deren Einhaltung die nationalen Sportverbände überwachen. Inzwischen dürfen daher in einigen Disziplinen (zum Beispiel im Tennis) auch Berufssportler an Olympischen Spielen teilnehmen. Voraussetzung aber ist, daß die Profis sich den olympischen Regeln unterwerfen und während der Spiele auf Werbeeinnahmen und Geldpreise verzichten.

Weltsport Leichtathletik

Wer kann Leichtathletik betreiben?

Die leichtathletischen Lauf-, Sprung- oder Wurfübungen sind – von wenigen Spezialdisziplinen einmal abgesehen – von natürlichen menschlichen Bewegungsabläufen abgeleitet. Ein kurzer Sprint, der Sprung über eine Pfütze oder der Wurf eines Steins – wer hat das nicht schon einmal gemacht? So kann eigentlich jeder Leichtathletik betreiben. Beim Erwerb des Sportabzeichens leistet jeder Freizeitsportler ähnliches wie die Spitzenathleten bei Olympischen Spielen und kann sich mit diesen vergleichen.
Sportabzeichen gibt es in Deutschland seit 1913. Sie sollen zur regelmäßigen sportlichen Betätigung in verschiedenen Disziplinen anspornen und der eigenen Leistungsüberprüfung dienen. Dabei bestehen Wahlmöglichkeiten in unterschiedlichen Übungsgruppen, zum Beispiel: Laufen, Werfen, Springen, aber auch Radfahren oder Skilanglauf. Bei den Anforderungen werden Alter, Geschlecht und körperliche Behinderung berücksichtigt. In fünf Disziplinen muß der Kandidat die geforderten Leistungen erbringen und erhält dafür je nach Alter das Sportabzeichen in Gold, Silber oder Bronze.
Schulen, Sport- und Jugendverbände in der Bundesrepublik veranstalten seit 1951 sogenannte Bundesjugendspiele. Die Absicht ist, daß Jugendliche ab dem achten Lebensjahr ihre sportlichen Leistungen, besonders in der Leichtathletik, mit denen Gleichaltriger messen. Je nach Jahrgangsstufe werden die Ergebnisse der Wettkämpfe nach Punktelisten bewertet. Ab einer gewissen Punktzahl bekommt man eine Siegerurkunde, bei ganz besonders guten Leistungen erhält der Nachwuchsathlet eine Ehrenurkunde des Bundespräsidenten.

Ziel eines jeden Sportlers ist der Gewinn einer Medaille. Ganz oben: die olympische Siegermedaille von 1896.

Früh übt sich, wer ein Meister werden will! Besonders beliebt bei Schulwettkämpfen sind die Staffelläufe.

Sportbegeisterten wird die Leichtathletik aber auch bis ins Wohnzimmer gebracht: Bei den Übertragungen Olympischer Spiele und anderer Veranstaltungen sitzen viele hundert Millionen Zuschauer in der ganzen Welt mit Begeisterung vor dem Fernseher und fiebern bei den Entscheidungen mit. Die Zahl der internationalen Großveranstaltungen ist in den letzten Jahren stetig gewachsen. Weltmeisterschaften, Europameisterschaften und die mit großem Aufwand dargebotenen Sportfeste halten die sportinteressierte Öffentlichkeit auch vor dem Fernsehgerät in Atem.

Welches sind die großen Meisterschaften?

Der Internationale Leichtathletikverband – International Amateur Athletic Federation oder kurz IAAF – hat lange gezögert, bevor er 1983 die ersten Weltmeisterschaften in der finnischen Hauptstadt Helsinki ausrichtete. Die Olympischen Spiele schienen besonders für die Leichtathletik von so überragender Bedeutung zu sein, daß man sich mit der Einführung eines weiteren Großereignisses schwertat.
Die zunehmende Vermarktung des Sports und das gestiegene Interesse der weltweiten Öffentlichkeit erleichterten dann aber schließlich die Entscheidung zugunsten der Weltmeisterschaften. Ab 1983 fanden sie zunächst alle vier Jahre statt, seit 1991 werden sie im Abstand von zwei Jahren ausgetragen.
Das höchste Ziel eines jeden Leichtathleten bleibt jedoch die olympische Medaille. Die Leichtathletik bildete bereits bei den ersten Olympischen Spielen der Neuzeit, 1896 in Athen, das Herzstück der Veranstaltung. Bei den Spielen stellen die Entscheidungen in der Leichtathletik andere, ansonsten weitaus populärere Sportarten, wie zum Beispiel den Fußball, in den Schatten.
Nach dem Zweiten Weltkrieg haben sich zahlreiche weitere Großveranstaltungen entwickelt, bei denen die Leichtathletik eine bedeutende Rolle spielt. Seit 1951 gibt es die Panamerikanischen Spiele für Sportler aus Nord- und Südamerika. Im gleichen Jahr richtete man im indischen Neu Delhi erstmals die Asienspiele aus. Noch älter sind die Commonwealth-Spiele, bei denen sich seit 1930 Sportler aus Großbritannien und den ehemaligen britischen Kolonien sportlich messen. Bei all diesen

Das Feuer und die Flagge sind die Symbole der modernen Olympischen Spiele, deren Herzstück wie schon in der Antike die Leichtathletik bildet.

Im Winter ziehen sich die Leichtathleten in die warme Halle zurück. Die Sprintstrecke beträgt hier 60 Meter.

Veranstaltungen treten aber auch Athleten in anderen Sportarten gegeneinander an.
Im Gegensatz dazu beschränken sich die Europameisterschaften, die alle vier Jahre ausgetragen werden, ausschließlich auf die Leichtathletik.
Bedeutende sportliche Ereignisse waren vor Jahren auch Länderkämpfe, bei denen Leichtathletik-Nationalmannschaften in den verschiedenen Disziplinen gegeneinander antraten und mit Hilfe einer Punktewertung der Sieger ermittelt wurde. 1977 hat man erstmals versucht, aus diesen Länderkämpfen ein weiteres sportliches Großereignis zu formen, den Weltpokal.
Zu diesem Weltpokal qualifizieren sich Nationalmannschaften, aber auch einzelne Athleten in einer Vorausscheidung in ihrem jeweiligen Erdteil. In Europa ist dies der Europacup. Diese Veranstaltungen büßten jedoch nach der Einführung der Weltmeisterschaften viel von ihrer Bedeutung ein und finden heutzutage kaum noch Beachtung.
Eine Neuerung der achtziger Jahre war der Grand Prix. Hier können die Athleten während der Sommersaison bei großen Sportfesten (beispielsweise in Zürich, Köln oder London) Punkte sammeln und sich für ein Finale qualifizieren. Bei diesem Finale werden die Sieger in den Einzeldisziplinen und ein Gesamtsieger ermittelt. Der Grand Prix führte zu einer Aufwertung der großen Leichtathletik-Sportfeste, bei denen die Athleten viel Geld verdienen können.
Früher gab es in der Leichtathletik nur eine Sommersaison. Die Einführung von Hallenmeisterschaften hat dazu geführt, daß mittlerweile auch im Winter viele Wettkämpfe stattfinden. So gibt es seit den achtziger Jahren sogar Welt- und Europameisterschaften in der Halle.

Wie ist ein Leichtathletikstadion aufgebaut?

Mit Ausnahme des Marathonlaufs und der Geherwettbewerbe werden die Disziplinen der Leichtathletik in einem Stadion ausgetragen. Die ovale Kunststoff- oder Aschenbahn für die Laufdisziplinen begrenzt die Wettkampfstätte. Die Laufbahn weist eine Länge von 400 Metern auf, wobei zwei langgezogene Geraden und zwei Kurven gelaufen werden. In einem

Das Stadion von Delphi, etwa 120 Kilometer nordwestlich von Athen. Es vermittelt uns ein Bild von den Sportstätten der Antike.

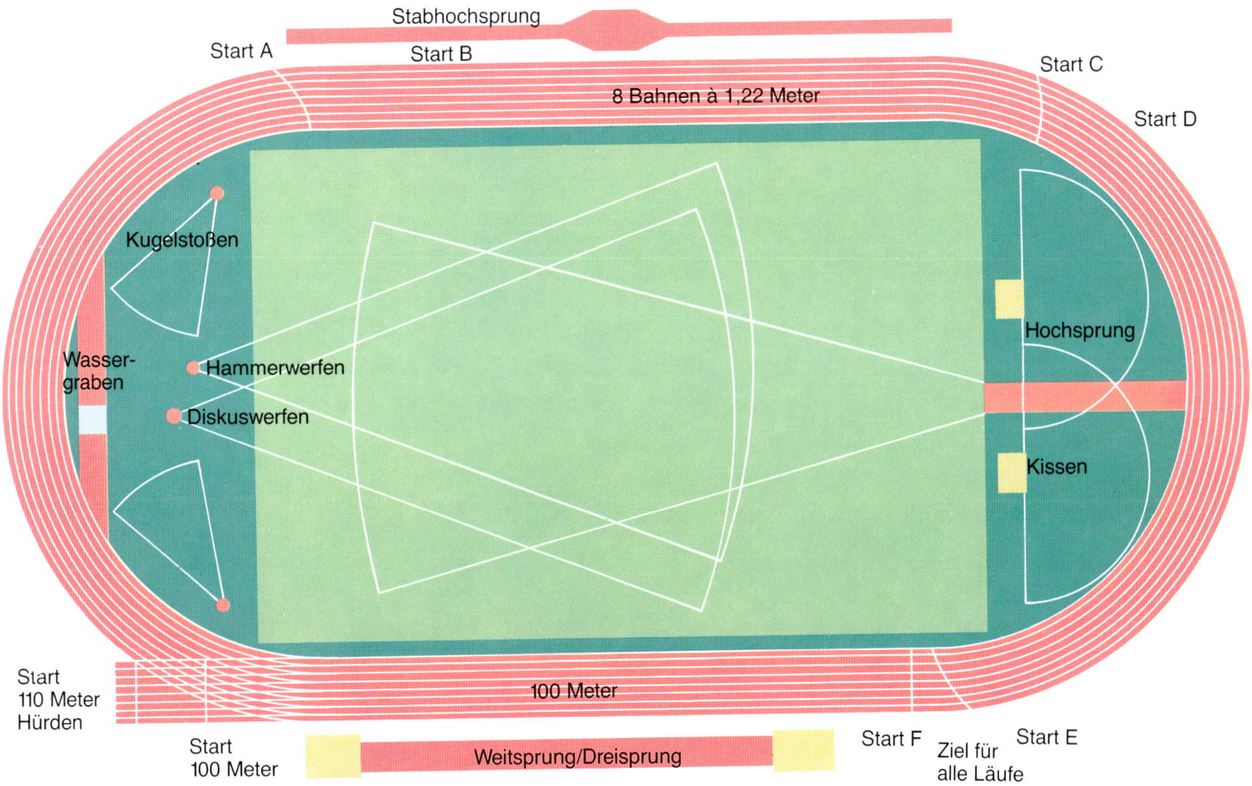

Die Zeichnung zeigt den Aufbau eines Leichtathletikstadions. Für die Läufe gibt es unterschiedliche Startlinien, wobei für die Strecken über 800 Meter ohne »Vorsprung« gestartet wird.

Blick auf das Olympiastadion von Berlin. Es wurde für die Spiele von 1936 errichtet.

Stadion für Olympische Spiele muß sie in acht Bahnen unterteilt sein, die jeweils 1,22 Meter breit sind.

Außerhalb der Laufbahn befinden sich gewöhnlich neben den beiden Geraden die Anlagen für Weit- und Dreisprung. Die übrigen Disziplinen finden im Innenraum Platz. In den Kurven sind die Vorrichtungen für Hoch- und Stabhochsprung. Auch die Abwurfstellen für Kugelstoßen, Diskus-, Speer- und Hammerwerfen findet man hier. Die Wurfkreise für das Hammer- und Diskuswerfen sind nach hinten und zu den Seiten hin mit einem Schutzgitter gesichert, damit ein mißglückter Wurf nicht Zuschauer oder andere Athleten gefährden kann. Die Werfer stoßen und schleudern ihre Geräte auf die etwa 100 Meter lange und etwa 70 Meter breite Rasenfläche.

Insgesamt nehmen die Wettkampfstätten in einem Leichtathletikstadion eine Länge von etwa 180 Metern und eine Breite von etwa 95 Metern ein.

Die Läufe

»Auf die Plätze! – Fertig! – Los!« Mit diesem Startkommando beginnt jeder Sprint. Eine kurze Strecke mit höchstmöglicher Geschwindigkeit zurückzulegen, das ist das Ziel der Sportler in dieser Laufdisziplin. Schnelligkeit ist hier gefordert, nicht so sehr Ausdauer. 100- und 200-Meter-Lauf sind die klassischen Sprintrennen, wobei seit einigen Jahren auch die 400 Meter als Sprintdisziplin gelten. Im Kinder- und Jugendbereich sowie in der Hallenleichtathletik werden kürzere Distanzen gelaufen (50, 60 und 75 Meter).

Warum ist der Start beim Sprint oft entscheidend?

Typisch für ein Sprintrennen ist der Tiefstart aus einem Startblock heraus. Beim Kommando »Auf die Plätze!« kauert sich der Läufer nieder, legt seine Hände mit abgespreizten Daumen unmittelbar hinter

die Startlinie und sucht mit seinen Füßen Halt im zuvor passend eingestellten Startblock. Auf das Kommando »Fertig!« hin hebt er das hintere Knie und das Becken und verlagert so sein Gewicht nach vorne. Den Blick richtet der Sprinter dabei auf die Laufbahn und wartet gespannt auf das alles entscheidende Kommando »Los!« oder den Startschuß.
Je kürzer die Sprintstrecke ist, um so mehr Bedeutung kommt einer guten Reaktion des Athleten beim Start zu. Ein »verschlafener« Beginn kann in den knapp zehn Sekunden eines Weltklassesprints über 100 Meter kaum noch ausgeglichen werden.

Die Startblöcke, die bei Sprintrennen zum Einsatz kommen, werden von den Läufern jeweils passend eingestellt.

Alle Sprinter gehen während ihrer Rennen eine »Sauerstoffschuld« ein. Ihr Körper verbraucht während der kurzen, intensiven Belastung wesentlich mehr Sauerstoff, als er in diesem Moment durch Atmung aufnehmen kann. Besonders unangenehm bekommen die Läufer auf der längsten Sprintstrecke, dem 400-Meter-Lauf, die Sauerstoffschuld zu spüren. Die meisten Athleten sind wegen des sehr schnellen Tempos bereits nach 300 Metern völlig außer Atem. Die Kunst des erfolgreichen 400-Meter-Läufers besteht deshalb darin, die letzten 100 Meter zu überstehen, ohne an Geschwindigkeit zu verlieren.

Der Tiefstart erfordert große Konzentration und eine gute Reaktionsfähigkeit.

Der Sprint kann auf eine lange Geschichte zurückblicken.

Seit wann gibt es Sprintrennen?

Bereits die alten Griechen hatten im Programm der antiken Olympischen Spiele einen Stadionlauf über rund 192 Meter vorgesehen. In der Neuzeit erfreuten sich die Wettrennen über kurze Distanzen erstmals Mitte des vergangenen Jahrhunderts in England wieder wachsender Beliebtheit. Als dann 1862 ein Schweizer namens Alphonse Nicole eine Stoppuhr patentieren ließ, war auch das Problem der Zeitmessung gelöst.

Bei den ersten Olympischen Spielen der Neuzeit, 1896 in Athen, hatte der 100-Meter-Lauf einen festen Platz, allerdings nur für die Herren. Die Damen durften zunächst überhaupt nicht an Olympia teilnehmen und wurden erst 1928 in Amsterdam zu den Läufen über 100 Meter und über 800 Meter zugelassen.

Eine wesentliche Neuerung brachte die elektronische Zeitmessung, die erstmals 1972 bei den Olympischen Spielen von München offiziell eingesetzt wurde. Mit Hilfe von Elektronik und Lichtschranken erlaubt seitdem diese Art der Zeitnahme wesentlich genauere Ergebnisse. Seit 1977 ist die elektronische Messung bei einem Wettkampf Voraussetzung dafür, daß ein dort erzielter Weltrekord anerkannt werden kann.

Schon bei den Olympischen Spielen der Antike gab es ein Sprintrennen über 192,28 Meter.

Start zum 100-Meter-Endlauf bei den Spielen 1896 in Athen. Der spätere Sieger Thomas Burke (USA) wählte als einziger den Tiefstart.

Einer der größten Sportler in der Leichtathletikgeschichte war der 1980 verstorbene Jesse Owens. Bei den Olympischen Spielen 1936 in Berlin gewann der amerikanische Ausnahmesportler vier Goldmedaillen in den Disziplinen 100 Meter, 200 Meter, Weitsprung und 4x100-Meter-Staffel. Ein Jahr vor seinem Triumph in Berlin war Owens bei einem Sportfest in den USA das unnachahmliche Kunststück gelungen, bei einem Wettbewerb innerhalb von knapp einer Stunde vier Weltrekorde aufzustellen. Er lief dabei Strecken, die in amerikanischen Yards abgesteckt

Wer war Jesse Owens?

Wie sein Vorbild Jesse Owens gewann Carl Lewis 1984 Gold über 100 und 200 Meter, mit der 4x100-Meter-Staffel und im Weitsprung.

Jesse Owens beim Start zum 200-Meter-Lauf. Die Spiele von Berlin 1936 standen ganz im Zeichen des Amerikaners: Er gewann vier Goldmedaillen.

waren (ein Yard entspricht 91,44 Zentimetern). Er sprintete 100 Yards (91,44 Meter) in 9,4 Sekunden und 220 Yards (201,17 Meter) in 20,3 Sekunden, lief 220 Yards Hürden in 22,6 Sekunden und sprang 8,13 Meter weit.

Eine ähnlich beeindruckende Bilanz wie Jesse Owens hat bisher nur sein amerikanischer Landsmann Carl Lewis aufzuweisen: 1984, bei den Olympischen Spielen von Los Angeles, gewann er – wie 48 Jahre zuvor sein großes Vorbild – olympisches Gold über 100 Meter und 200 Meter, im Weitsprung und schließlich in der 4x100-Meter-Staffel.

Im Gegensatz zu Owens gelang es Lewis in seiner Karriere jedoch nicht, den Weltrekord im Weitsprung und über 200 Meter zu brechen, auch wenn er oft nur sehr knapp daran scheiterte.

Wo beginnt die Mittelstrecke?

Lange Jahre stritten die Fachleute der Leichtathletik über die Frage, welcher Kategorie sie den 400-Meter-Lauf zuordnen sollten: Sprint oder Mittelstrecke? Weil jedoch diese Distanz, die einer Stadionrunde entspricht, immer schneller gelaufen wurde, konnten hier nur noch Läufer mit ausgesprochenen Sprintqualitäten bestehen. Daher gilt der 400-Meter-Lauf mittlerweile als langer Sprint, bei dem allerdings vom Läufer Ausdauerqualitäten gefordert sind.
Somit meint man Laufdistanzen zwischen 800 und 2 000 Metern, wenn von Mittelstrecke die Rede ist. Olympische Disziplinen sind der 800- und der 1 500-Meter-Lauf. Auch die englische Meile (1609,30 Meter) hat ihre Bedeutung als Laufstrecke bei großen Sportveranstaltungen behalten. Als »Traummeile« gilt für jeden Läufer immer noch eine Zeit von unter vier Minuten. Wer diese Leistung vollbracht hat, darf in den exklusiven Club von Sir Roger Bannister eintreten. Der Brite war im Mai 1954 der erste Mensch, der mit 3:59,4 Minuten

Der Engländer Roger Bannister unterbot 1954 mit 3:59,4 Minuten als erster Mensch die Vier-Minuten-Grenze über eine Meile.

Bei Distanzen über 800 Meter starten die Läufer im Fallstart gemeinsam auf einer Linie.

die Meile in weniger als vier Minuten lief. Clubabzeichen ist eine Krawatte mit goldenen Vieren, die mit Eichenlaub umrandet sind.

International nur selten gelaufen werden die Mittelstrecken 1 000 und 2 000 Meter. Sie haben in erster Linie beim Jugendsport ihre Bedeutung und gelten darüber hinaus als Aufbaustrecken bei der Trainingsgestaltung der Spitzenläufer.

Im Gegensatz zu den Sprintern müssen sich die Mittelstreckler nicht an die Laufbahnen halten und orientieren sich deshalb an der Innenbahn. Beim 800-Meter-Lauf muß allerdings die erste Kurve noch in den vorgegebenen Bahnen gelaufen werden. Die Läufer auf den äußeren Bahnen erhalten – wie bei den Sprints über 200 und 400 Meter – einen »Vorsprung«, damit ihren Konkurrenten auf den kürzeren Innenbahnen kein Vorteil entsteht. Auf der ersten Geraden wechseln die Athleten beim 800-Meter-Lauf auf die Innenbahn.

Weil der Start bei den Mittel- und Langstrecken nicht so entscheidend ist wie beim Sprint, verwenden die Läufer keinen Startblock. Typisch für die längeren Laufdistanzen ist der Fallstart. Dabei stehen die Sportler leicht vorgebeugt, setzen einen Fuß vor und warten auf das Startsignal.

Überragender Läufer der achtziger Jahre war der Marokkaner Said Aouita. Er stellte mehrere Weltrekorde auf.

Mittelstreckenrennen sind besonders bei großen Meisterschaften sehr stark von Taktik geprägt. Es gibt Läufer mit ausgezeichneten Sprintqualitäten. Sie sind in erster Linie daran interessiert, das Lauftempo zu Beginn einigermaßen niedrig zu halten. Dann können sie im Schlußspurt ihre Schnelligkeit voll ausspielen und das Rennen für sich entscheiden. Athleten mit geringerer Spurtkraft, aber gutem Ausdauervermögen werden sich dagegen um ein hohes Anfangstempo bemühen, damit sie gegenüber den sprintstarken Kollegen frühzeitig einen Vorsprung herausholen können.

Im Zuge der Entwicklung des modernen Sports gab es die ersten Mittelstreckenläufe im vergangenen Jahrhundert in Großbritannien. Die Meile und 880 Yards (804,67 Meter) waren beliebte Distanzen. Als bei den Olympischen Spielen ab 1896 Maße in Metern gefordert waren, bürgerten sich 800 und 1 500 Meter als übliche Mittelstrecken ein.

Aus Großbritannien, dem Mutterland des Mittelstreckenlaufes, kamen viele starke Athleten. So beherrschten zu Beginn der achtziger Jahre die Briten Sebastian Coe (800-Meter-Weltrekord 1:41,73 Minuten im Jahr 1981) und Steve Ovett (1 500-Meter-Weltrekord 3:30,77 Minuten im Jahr 1983) die Laufszene.

In den sechziger Jahren hatten erstmals afrikanische Läufer Erfolge gefeiert. Sie sind seitdem kometenhaft aufgestiegen. Als Beispiel sei nur der überragende Mittelstreckler der achtziger Jahre, Said Aouita aus Marokko, angeführt. Er war Olympiasieger und Weltmeister und verbesserte die Weltrekorde über 1 500, 2 000 und 5 000 Meter sowie über die englische Meile.

Einen festen Platz in der Sportgeschichte hat auch der Deutsche Rudolf Harbig. Sein 1939 in Mailand erzielter Weltrekord von 1:46,6 Minuten im 800-Meter-Lauf blieb 16 Jahre lang ungebrochen.

Läufe ab 5 000 Metern – bei den Damen ab 3 000 Metern – werden als Langstreckenläufe bezeichnet. Olympische Disziplinen sind bei den Herren der 5 000- und der 10 000-Meter-Lauf sowie der Marathon, bei den Damen der 3 000- und der 10 000-Meter-Lauf und ebenfalls der Marathon.

Welche Langstreckenläufe gibt es?

Auf den Langstrecken sind ganz besonders die Ausdauerqualitäten des Athleten gefordert, wobei allerdings im 5 000-Meter-Lauf zuweilen ähnlich taktisch gelaufen wird wie bei den Mittelstrecken. Mit Ausnahme des Marathons werden die offiziellen Langstreckenläufe im Stadion ausgetragen. Beim 3 000-Meter-Lauf der Damen legen die Athletinnen 7 1/2 Runden zurück, der 5 000-Meter-Lauf der Herren erstreckt sich über 12 1/2 Runden, und der 10 000-Meter-Lauf ist ein Wettbewerb über 25 Runden.

City- und Volksläufe finden nicht auf der Kunstoff- oder Aschenbahn im Stadion statt, sondern auf Stadt- und Geländekursen. Solche Läufe bieten vor allem Freizeitsportlern die Gelegenheit, ihre Leistungen mit Gleichgesinnten zu vergleichen. Besonders seit den siebziger Jahren, als die Joggingwelle von den USA nach Europa überschwappte, erfreuen sich diese Läufe zunehmender Beliebtheit. Es gibt auch extreme Formen des Langstreckenlaufes. So wird beispielsweise im schweizerischen Biel jedes Jahr ein Wettkampf über 100 Kilometer ausgerichtet!

Bis zum zweiten Weltkrieg dominierten auf den langen Strecken die Finnen, allen voran Paavo Nurmi. Zwischen 1922 und 1931 lief der auch auf der Mittelstrecke äußerst erfolgreiche »Wunderläufer« 22 Weltrekorde und gewann zwischen 1920 und 1928 neun olympische Gold- und drei Silbermedaillen.

Nach dem Zweiten Weltkrieg rückte ein gelernter Schuster in den Mittelpunkt des Geschehens: Emil Zátopek, den man die »tschechische Lokomotive« nannte. Zátopek beherrschte nicht den harmonischen Laufstil Paavo Nurmis. Diesen Mangel glich er jedoch durch unbändigen Trainingsfleiß und Siegeswillen wieder aus. Der Tscheche führte die »Intervallmethode« in das Training des Langstreckenlaufes ein: Er lief viele Male hintereinander

Einzigartig ist die Bilanz des Finnen Paavo Nurmi: Zwischen 1920 und 1931 gewann er neunmal olympisches Gold und lief 22 Weltrekorde.

Die Norwegerin Ingrid Kristiansen stellte mehrere Weltrekorde auf, konnte aber nie eine Olympiamedaille erringen.

kurze Distanzen mit relativ hohem Tempo und Pausen dazwischen. So legte er vor wichtigen Rennen 5 mal 200 Meter, 25 mal 400 Meter und noch einmal 200 Meter zurück, wobei er zwischen den Tempoläufen jeweils 200 Meter als Erholungspause trabte.

Dem Intervalltraining kommt im modernen Langstreckenlauf keine große Bedeutung mehr zu. Als erfolgreiches Training hat sich die »reine Ausdauermethode« herausgestellt, die unter Mitarbeit des deutschen Arztes Ernst van Aaken entwickelt wurde. Hierbei trainiert der Läufer so, daß er bei der Trainingsbelastung nur so viel Sauerstoff verbraucht, wie der Körper durch Atmung aufnehmen kann. Kurz gesagt: Laufen, ohne zu schnaufen. Die Stärkung der Ausdauer erfolgt durch eine hohe Zahl der wöchentlichen Trainingskilometer. Die reine Ausdauermethode ist auch für Freizeitsportler bestens geeignet.

Als Irrtum hat sich die früher vertretene Meinung herausgestellt, Langstreckenlauf sei für Frauen nicht geeignet. Sportmedizinische Untersuchen ebenso wie die Leistungen der Sportlerinnen haben bewiesen, daß Frauen gleiche Ausdauerleistungen erbringen können wie Männer. Die Unterschiede in den Bestzeiten ergeben sich ausschließlich aus der geringer ausgeprägten Muskulatur der Frau. Daher hat der Internationale Leichtathletikverband 1983 beschlossen, den 10 000-Meter-Lauf und den Marathon für Frauen ins Wettkampfprogramm der großen Meisterschaften und Olympischen Spiele aufzunehmen.

Trotz des schwerfälligen Laufstils siegte Emil Zátopek bei Olympia 1948 über 10 000 Meter, 1952 über 5 000 und 10 000 Meter sowie beim Marathon.

Wohl um kaum einen anderen Wettbewerb der Leichtathletik ranken sich so viele Geschichten wie um den längsten olympischen Laufwettbewerb, den Marathon.

Wie lang ist ein Marathonlauf?

Seine Entstehung geht auf eine überlieferte Geschichte aus dem antiken Griechenland zurück, von der man allerdings nicht weiß, ob sie sich tatsächlich zugetragen hat: Im Jahr 490 v.Chr. lief nach der Schlacht beim Städtchen Marathon ein Bote die rund 40 Kilometer vom Schlachtfeld bis nach Athen, ohne anzuhalten. Dort verkündete der Läufer die Nachricht vom Sieg der Athener über das mächtige Perserheer. Die Geschichte endet traurig, denn der Bote soll nach dem Ruf: »Freut Euch, wir haben gesiegt!« tot zusammengebrochen sein.

Als die Väter der ersten Olympischen Spiele der Neuzeit das sportliche Programm für Athen 1896 zusammenstellten, richteten sie nach der Idee des französischen Sprachhistorikers Michel Bréal einen Langstreckenlauf ein, dessen Distanz zunächst 40 Kilometer betrug. Seine heutige Länge verdankt der Marathonlauf der königlichen Familie Großbritanniens. Damit der Start vor deren Stammsitz, Schloß Windsor, erfolgen konnte, verlängerten 1908 die Organisatoren der Olympischen Spiele von London die Strecke bis zum Ziel im White-City-Stadion auf 26 englische Meilen und 385 Yards. Dieses Maß entspricht den 42,195 Kilometern, die ein Marathonlauf seitdem offiziell mißt.

Bei den ersten Olympischen Spielen der Neuzeit griff Michel Bréal auf die Überlieferung zurück, nach der ein Läufer nach der Schlacht bei Marathon ohne Unterbrechung die knapp 40 Kilometer nach Athen gelaufen war.

Der Italiener Dorando Pietri kam 1908 nur dank fremder Hilfe als erster ins Ziel.

Erster Olympiasieger im Marathon war 1896 in Athen der Grieche Spyridon Louis. Erst 88 Jahre später gab es in dieser Disziplin auch einen weiblichen Olympiasieger: Die US-Amerikanerin Joan Benoit gewann 1984 den ersten olympischen Marathon für Frauen in Los Angeles.

Marathonläufe werden stets als Straßenrennen ausgetragen. Daher gibt es auch keine offiziellen Weltrekorde, denn die unterschiedlichen Streckenverhältnisse erlauben keinen exakten Vergleich.

Zum tragischen Fall des antiken Marathonläufers gibt es eine ähnliche Geschichte in der Neuzeit, wenn auch zum Glück nicht mit tödlichem Ausgang. Eigentlich hatte 1908 bei den Olympischen Spielen von London der Italiener Dorando Pietri gewonnen. Ihm wurde die Goldmedaille jedoch nachträglich aberkannt. Er hatte die Ziellinie nur mit Unterstützung von Helfern überquert, weil er wenige Meter vor dem Ziel zusammengebrochen war. Das strenge Wettkampfgericht kannte keine Gnade und disqualifizierte den unglücklichen Italiener. Zu den hohen Herren, die für diese Entscheidung verantwortlich waren, zählte übrigens auch der Kriminalschriftsteller Sir Arthur Conan Doyle, geistiger Vater des Meisterdetektivs Sherlock Holmes.

Das Mißgeschick von Dorando Pietri verweist auf die Gefahr des Marathonlaufens. Der Athlet muß nämlich während des Wettkampfes unbedingt mit Flüssigkeit und Nährstoffen versorgt werden. Ansonsten geht der Marathonläufer ein unverantwortliches Risiko gegenüber seinem Körper ein, das sogar tödlich ausgehen kann. Daher sind bei jedem Marathonlauf im Abstand von fünf Kilometern Verpflegungsstationen eingerichtet, an denen die Athleten Flüssigkeit in Form von klarem Wasser oder Mineraldrinks sowie leichte Nahrung wie beispielsweise Bananen zu sich nehmen. Besonders bei warmer Witterung, wenn die Läufer durch Schwitzen viel Flüssigkeit und körpereigene Mineralien (zum Beispiel Salz) verlieren, kommt der Verpflegung lebenswichtige Bedeutung zu. Ansonsten besteht die Gefahr, daß der Körper austrocknet.

Die großen Stadt-Marathonläufe – wie hier in New York – erfreuen sich großer Beliebtheit und ziehen Tausende Laufbegeisterte an.

Der Marathonlauf hat seit Beginn der siebziger Jahre enorme Bedeutung für den Freizeitsport gewonnen. Viele Läufer, die mit der Joggingwelle das Laufen als Ausgleichssport entdeckt hatten, setzten sich mit zunehmender Kondition das Ziel, Marathon zu laufen. Zu den großen City-Marathons in New York, London und Berlin treten jedes Jahr Zehntausende von Laufbegeisterten an.

Allerdings sollte sich niemand, der vorher nicht intensiv trainiert hat, an das Abenteuer Marathon wagen. Ohne eine ausreichende Vorbereitung mit vielen Trainingskilometern sowie die regelmäßige Teilnahme an Wettkämpfen über kürzere Distanzen, zum Beispiel an Volksläufen, ist der 42,195 Kilometer lange Lauf ein gesundheitliches Risiko. Auch sollte sich jeder Marathonkandidat zuvor von einem Sportarzt untersuchen lassen.

Was ist ein Staffellauf?

Spannender Schlußpunkt jeder Großveranstaltung sind die Staffelwettbewerbe. Bei diesen einzigen Mannschaftswettbewerben der Leichtathletik trägt ein Läufer einen Staffelstab über eine vorgeschriebene Strecke und gibt ihn an einen Mannschaftskameraden weiter. Geschichtliches Vorbild der heutigen Staffelläufe sind die Stafetten der Antike, bei denen Gegenstände oder Botschaften aus religiösen Gründen oder zur Nachrichtenübermittlung von einer Kette von Läufern weitertransportiert wurden.

Seit 1936 gibt es bei den Olympischen Spielen einen Staffellauf, bei dem es keine Goldmedaille zu gewinnen gibt: Er dient

Die olympische Flamme wird im griechischen Olympia entzündet. Verschiedene Läufer bringen sie dann zum jeweiligen Austragungsort.

der Beförderung des olympischen Feuers von Griechenland zum Austragungsort und erfolgt durch eine Vielzahl von Läufern, welche die Flamme von Fackel zu Fackel weitergeben. Im olympischen Wettkampfprogramm gibt es außerdem die 4x100- und die 4x400-Meter-Staffeln für Frauen und Männer.

Darüber hinaus existieren eine Vielzahl von weiteren Staffelläufen. Bei der »Schwedenstaffel« werden zum Beispiel die Distanzen 400, 300, 200 und 100 Meter gelaufen. Im Programm der großen Meisterschaften haben solche Wettbewerbe allerdings keinen Platz.

Staffelläufe sind so spannend, weil es neben der Laufleistung der einzelnen Athleten ganz entscheidend auf die Übergabe des Stabes ankommt. Ein guter Wechsel kann einige Sekunden in der Endabrechnung wert sein, ein schlechter bereits das Ende aller Medaillenträume bedeuten.

Der glatte, runde Staffelstab besteht aus Holz, Kunststoff oder Metall. Er muß 28 bis 30 Zentimeter lang sein und einen Umfang von mindestens 12 Zentimetern haben. Er darf nicht weniger als 50 Gramm wiegen.

Der Stabwechsel muß innerhalb einer markierten Strecke von 20 Metern erfolgen. Hinzu kommt eine Anlaufstrecke von 10 Metern für den Läufer, der übernimmt. Gelingt eine Übergabe innerhalb dieser 30 Meter nicht oder fällt der Stab auf den Boden, so wird die Mannschaft disqualifiziert. Für den übernehmenden Läufer kommt es entscheidend darauf an, bereits eine hohe Geschwindigkeit erreicht zu haben, wenn ihm der Stab in die Hand gedrückt wird. So spart er Zeit. Allerdings darf er auch nicht zu schnell anlaufen, weil er sonst seinem Staffelkameraden davoneilt.

Die entscheidende Szene beim Staffellauf ist die Stabübergabe. Erfolgt sie nicht fließend, geht wertvolle Zeit verloren.

Der Hürdensprint verlangt vom Athleten Schnelligkeit, Beweglichkeit und gute Technik. Stößt er eine Hürde um, verliert er kostbare Zeit.

Wie hoch sind die Hürden?

Technisch sehr anspruchsvolle Disziplinen innerhalb der Laufwettbewerbe sind die Hürdenläufe. Hier müssen die Athleten auf dem Weg zum Ziel künstliche Hindernisse überlaufen, nicht überspringen. Die Hürde ist ein Stahlgestell mit einer Querlatte aus Holz, ihre Höhe ist unterschiedlich.

Beim 110-Meter-Hürdenlauf der Herren sind zehn Hürden von 1,06 Meter Höhe zu überlaufen, beim 100-Meter-Hürdenwettbewerb der Damen überwinden die Läuferinnen ebenfalls zehn Hindernisse mit der Höhe von 84 Zentimetern.

Beim Hürdensprint starten die Sportler ähnlich wie beim 100-Meter-Lauf über die flache Distanz. Allerdings richten sie sich nach den ersten Schritten deutlich schneller auf, um in eine gute Ausgangsposition für das Überlaufen des ersten Hindernisses zu kommen. Der Abstand von der Startlinie zur ersten Hürde beträgt bei den Männern 13,72 Meter, bei den Frauen 13 Meter. Zwischen den Hindernissen legen die Läufer in der Regel drei Schritte zurück. Nach der letzten Hürde, auf den letzten Metern bis ins Ziel, folgt dann noch ein kräftiger Schlußspurt.

Der Athlet darf die Hürden umstoßen, allerdings kostet ihn das unnötig Zeit. Er wird sich daher bemühen, möglichst flüssig die Hindernisse folgendermaßen zu überlaufen: Das Schwungbein wird zunächst geradlinig und flach über die Hürde geschwungen und sofort nach dem Überqueren der Hürdenkante nach unten gedrückt. Dann wird das angewinkelte Sprungbein nachgezogen.

Ein erstklassiger 100-Meter-Läufer ist noch nicht unbedingt ein guter Hürdensprinter, weil hier neben der Grundschnelligkeit eine ausgefeilte Technik erforderlich ist. Dagegen sind beim 400-Meter-Hürdenlauf die Athleten zumeist auch stark auf der Flachstrecke. Die Disziplin stand früher nur für Herren auf dem Wettkampfprogramm. Für Damen wird sie bei Europameisterschaften seit 1978, bei Olympischen Spielen seit 1984 angeboten.

Ein Hürdenlauf in Berlin im Jahre 1881: Die Hürden bestanden aus Naturhecken, die übersprungen wurden.

Ein gutes Jahrzehnt lang beherrschte der Amerikaner Edwin Moses die Entwicklung der 400 Meter Hürden. Er gewann 1976 in Montreal und 1984 in Los Angeles olympisches Gold, siegte 1983 bei der ersten Leichtathletik-Weltmeisterschaft in Helsinki und verbesserte zwischen 1976 und 1983 viermal den Weltrekord, zuletzt auf 47,02 Sekunden.

Der deutsche Europarekordler Harald Schmid (links) prägte gemeinsam mit dem Amerikaner Edwin Moses jahrelang den 400-Meter-Hürdenlauf.

Ein guter Hürdenläufer muß neben der ausgezeichneten Sprintkraft auch Beweglichkeit und Geschmeidigkeit im Bereich des Rumpfes und der Hüftgelenke mitbringen. Darüber hinaus ist ein ausgeprägtes Gefühl für den Laufrhythmus gefordert sowie die Fähigkeit, die komplizierten Bewegungsabläufe sehr genau steuern zu können.

Was versteht man unter Hindernislauf?

Ein weiterer leichtathletischer Wettbewerb mit Hürden ist der 3000-Meter-Hindernislauf. Hier springen die Läufer während der 7 1/2 Runden insgesamt über 28 Hürden und überqueren siebenmal den Wassergraben. Die Hindernisse unterscheiden sich wesentlich von denen der Sprintstrecken. Sie sind breiter (3,66 Meter), können nicht umgestoßen werden und sind etwa 91,4 Zentimeter hoch. Der Wassergraben ist besonders schwierig. 3,66 Meter ist er lang, 3,66 Meter breit und an seiner tiefsten Stelle 76 Zentimeter tief. Hier gilt es für die Läufer, sich von der Hürde vor dem Graben möglichst kräftig abzustoßen, um am flachen Ende zu landen. Sonst verlieren sie Zeit.
Der Hindernislauf fand 1900 in Paris Eintritt in das olympische Programm. Bei den Spielen 1932 in Los Angeles trug sich eine kuriose Geschichte zu: Die Athleten liefen eine Runde zuviel, weil sich die Rundenzähler einfach verzählt hatten. Keine Zweifel gab es beim Sieger, dem Finnen Volmari Iso-Hollo. Er hatte bereits eine Runde zuvor überlegen geführt. Als es jedoch um die Vergabe der Silbermedaille ging, behaupteten die amerikanischen Journali-

Beim 3 000-Meter-Hindernislauf bekommen die Läufer einmal pro Runde nasse Füße, wenn sie den Wassergraben überwinden.

sten, ihr Landsmann Joseph McCluskey sei nach den eigentlich vorgesehenen 3000 Metern noch vor dem Briten Thomas Evenson plaziert gewesen. Doch die Proteste hatten keinen Erfolg, der Brite behielt seine Silbermedaille. Wie gut, daß heute Fernsehaufnahmen als Beweismittel dienen können!

Was ist ein Querfeldeinlauf?

Beim Querfeldeinlauf verlassen die Läufer die Kunststoffbahn im Stadion und begeben sich ins Gelände. Besonders beliebt sind die Cross-Country-Läufe – so lautet der aus dem Englischen abgeleitete Fachausdruck – in der kalten Jahreszeit. Im Herbst und Winter dienen sie vielen Athleten als willkommene Abwechslung in der Vorbereitungszeit für die Sommersaison. Bei diesen Läufen werden Strecken zwischen 2000 Metern und 10 englischen Meilen (16,09 Kilometer) zurückgelegt.
Der Querfeldeinlauf gehörte zu den ersten Disziplinen der modernen Leichtathletik, und der erste Cross-Country fand 1837 im englischen Städtchen Rugby statt. Heutzutage ist die Cross-Weltmeisterschaft ein früher Höhepunkt eines jeden Sportjahres.

Warum bewegen sich die Geher im Watschelgang?

Die Geher müssen ertragen, daß sie wegen ihrer Sportart häufig belächelt werden. Erinnert ihre Art der Fortbewegung doch auch zu sehr an den Watschelgang einer Ente. Dennoch sollte man sich hüten, die sportliche Leistung der Geher nicht ernst zu nehmen. Mit 50 Kilometern legen sie bei den Olympischen Spielen eine längere Distanz zurück als die Marathonläufer. Der zweite olympische Wettbewerb im Gehen der Herren ist die 20-Kilometer-Strecke; bei den Damen stehen seit 1992 die 10 Kilometer auf dem Programm.

Die Geher legen bei Olympischen Spielen die längste Distanz zurück.

Die Ursache für die eigentümliche Art der Fortbewegung ist im Regelwerk für diese Sportart zu suchen. Es schreibt vor, daß die Athleten ihre Schritte so setzen müssen, daß immer ein Fuß am Boden ist. Der vordere Fuß muß also bereits aufgesetzt haben, ehe der hintere abheben darf. Die gestrengen Augen der Gehrichter ruhen während des gesamten Wettkampfes auf den Füßen der Athleten. Wer gegen die Regel verstößt, muß nach mehreren Ermahnungen mit dem Ausschluß von der Meisterschaft rechnen. Der rhythmische Watschelgang ermöglicht die schnellste Fortbewegung im Rahmen der Vorschrift.
Die Gehwettbewerbe starten ähnlich wie der Marathon häufig im Stadion und führen über einen Rundkurs auf Straßen zu ihrem Ausgangspunkt zurück. Da eine solche Strecke stets ihre Eigenheiten aufweist, werden die bei Straßenwettbewerben erzielten Zeiten nicht als Weltrekord gewertet. Ein Rekord muß auf einer Stadionbahn gegangen werden.
Entwickelt hat sich das Gehen wahrscheinlich aus den Distanzmärschen, die Ende des 18. Jahrhunderts beliebt waren. Klassischer Fernmarsch war die Strecke Wien-Berlin, bei der die Teilnehmer an mehreren Tagen 578 Kilometer bewältigten. Im Jahr 1908 gab es dann erstmals bei Olympischen Spielen Geherwettbewerbe: einen über 3500 Meter und einen über 10 englische Meilen (16090 Meter).

Die Sprünge

Wie hat sich die Hochsprungtechnik verändert?

Der Amerikaner Dick Fosbury versetzte die gesamte Leichtathletikfachwelt in Staunen, als er 1968 mit seiner neu entwickelten Hochsprungtechnik in Mexiko-City prompt Olympiasieger wurde. Sein sogenannter *Flop* wurde zum weltweiten Diskussionsthema. Fosbury nahm einen normalen Anlauf und drehte beim Absprung den Körper so, daß er – und das war damals das völlig Neue – mit dem Rücken zuerst über die Latte flog und die Beine nachzog. Der Flop ist der heute am häufigsten angewendete Hochsprungstil. Er ist nicht nur die modernste, sondern auch die bis heute erfolgreichste Technik. Denn ebenfalls mit diesem Stil gelang Rudolf Powarnizin aus der UdSSR 1985 als erstem Menschen der Sprung über 2,40 Meter, was lange Jahre als eine magische Höhe gegolten hatte.

Neben dem Flop unterscheidet man drei weitere Stilarten: den Scherensprung, der kaum mehr ausgeführt wird, den Rollsprung und den Wälzer, auch *Straddle* genannt.

Der Hochsprung ist seit den ersten Spielen 1896 in Athen ein olympischer Wettbewerb, bei dem eine Latte nach einem unterschiedlich langen Anlauf (meist 20 bis 25 Meter) übersprungen wird. Die Metall- oder Kunststofflatte darf berührt werden, aber der Versuch ist nur gültig, wenn die Sprunglatte nicht herunterfällt. Die Wahl

Im Hochsprung hat sich der Fosbury-Flop durchgesetzt (links). Der Straddle (unten) ist heute international nicht mehr üblich.

Beim Flop springt der Sportler nach dem Anlauf mit einem Fuß ab. Im Sprung dreht der Athlet den Körper so, daß er die Latte mit dem Rücken überquert und die Beine nachzieht.

der Sprungart ist frei. Einzige Vorschrift ist: Der Athlet muß mit *einem* Fuß abspringen. In einem Wettbewerb hat der Hochspringer für eine Höhe drei Versuche.
Zu den bekanntesten Persönlichkeiten im Hochsprung gehört die Deutsche Ulrike Meyfarth. Als völlig unbekannte 16jährige gewann sie 1972 bei den Olympischen Spielen in München mit der damaligen Weltrekordhöhe von 1,92 Metern die Goldmedaille. Nach vielen sportlichen Rückschlägen gelang ihr ein Comeback. 1982 wurde sie Europameisterin, gewann mehrere Male die Deutsche Meisterschaft und hielt dreimal den Weltrekord. Krönender Höhepunkt ihrer Karriere war der zweite Olympiasieg 1984 in Los Angeles mit 2,02 Metern, zwölf Jahre nach ihrem überraschenden Sieg von München.

Wie funktioniert die Technik des Stabhochsprungs?

Der Stabhochsprung ist die einzige Sprungdisziplin, bei der ein Hilfsmittel, der Stab, benutzt werden darf. Dieser kann beliebig lang und dick sein. Das Material ist nicht vorgeschrieben. Während der Stab früher aus Holz, Bambus oder Stahl bestand, werden heute fast nur noch Glasfiberstäbe verwendet. Glasfiber wird vornehmlich deswegen benutzt, weil es sehr elastisch ist und eine besondere Katapultwirkung erzeugt.
Mancher fragt sich, warum die Stabhochspringer nicht einfach besonders lange Stäbe verwenden, um damit sehr große Höhen zu überwinden. So leicht geht das aber leider nicht. Die weltbesten Stabhochspringer springen wesentlich höher, als ihre Stäbe lang sind. Der Stab aber kann nicht unendlich lang sein, weil es mit zunehmender Länge immer schwieriger wird, ihn bei der hohen Anlaufgeschwindigkeit in den Einstichkasten einzusetzen und dann optimal zu biegen. Außerdem ist es für den Springer viel zu schwer, sich an einem extrem langen Stab zur Querlatte hochzuschwingen.

Diese Latte wird mit einer besonderen Apparatur hochgezogen; die Höhe kann anhand einer seitlich angebrachten Meßlatte oder mit moderner Technik gemessen werden. Pro aufgelegte Höhe hat der Stabhochspringer – ebenso wie der Hochspringer – drei Versuche. Selbst wenn er einoder zweimal scheitert, kann er den zweiten beziehungsweise dritten Versuch an einer größeren Höhe ausführen.
Entscheidend für eine große Sprunghöhe ist ein möglichst weiter und hoher Griff am Stab und eine hohe Anlaufgeschwindigkeit. Beim Anlauf muß der Stabhochspringer darauf achten, daß er den Stab richtig in den dafür vorgesehenen Einstichkasten einsetzt. Ist dies erfolgt, schwingt das eine Knie des Springers nach vorne hoch. Im Aufschwung setzt eine Drehung ein, und der Körper wird am Stab zum Handstand durchgedrückt, so daß der Springer mit den Beinen zuerst die Latte überquert und dann seinen Oberkörper nachzieht.

Der weltbeste Stabhochspringer aller Zeiten: Sergej Bubka aus der Ukraine. Er war Olympiasieger und Weltmeister und sprang viele Weltrekorde.

Ein Sprung ist nur gültig, wenn die aufgelegte Latte übersprungen wird und nicht herunterfällt. Da ein Fallen aus Höhen von fünf Metern und mehr nicht ungefährlich ist, müssen dicke Schaumstoffmatten zum Auffangen des Athleten unter der Latte aufgestellt sein.

Hat der Stabhochspringer den Stab im Einstichkasten eingesetzt, katapultiert er sich hoch. Er drückt seinen Körper zum Handstand durch, um mit den Beinen zuerst die Latte zu überwinden.

Vorläufer des Stabhochsprungs gab es in der Antike und sehr wahrscheinlich sogar schon in der Vorzeit. Der Stab als Hilfsmittel diente zum Überwinden von Hindernissen, zum Beispiel von Flüssen. Doch dabei war das Ziel vermutlich eher die Weite als die Höhe.
Den modernen Stabhochsprung, der als die technisch schwierigste Disziplin in der Leichtathletik gilt, prägte ganz besonders Sergej Bubka aus der UdSSR. 1985 übersprang er als erster Mensch 6,00 Meter und stellte über 25 Weltrekorde auf. Für seine Spitzensprünge benutzte er sehr lange Stäbe von etwa 5,20 Metern.

Was ist Weitsprung?

Der Weitsprung wurde bereits im antiken Griechenland ausgeübt. Er gehört zu den ältesten und natürlichsten Sportübungen überhaupt. Denn schon in Urzeiten hat ein weiter Sprung über eine Felsspalte oder ein Gewässer so manch einem unserer Vorfahren das Leben gerettet.

Das Bild zeigt Springübungen aus dem ersten Turnbuch der Neuzeit. Verfaßt hat es Johann Christoph Friedrich GutsMuths im Jahre 1793.

Für den Weitspringer gilt es, den weiß markierten Absprungbalken möglichst genau zu treffen. Bei Übertreten ist der Sprung ungültig.

Der Absprung wird nach einem etwa 45 Meter langen Anlauf von einem in den Boden eingelassenen Absprungbalken ausgeführt. Wichtig für einen weiten Sprung ist eine hohe Anlaufgeschwindigkeit und die Sprungkraft des Athleten. Um für den Springer gut sichtbar zu sein, ist der Sprungbalken deutlich weiß markiert. Wird dieser Balken übertreten, so gilt der Sprung als ungültig; eine rote Fahne wird geschwenkt. Eine weiße dagegen bedeutet, daß der Sprung gültig war. Heutzutage ist direkt hinter der Absprungmarkierung eine zähflüssige Plastikmasse in den Boden eingelassen, um den Fußabdruck bei Übertreten feststellen zu können.
Der Weitspringer landet in einer Sandgrube, die wenigstens 2,75 Meter breit und 7 Meter lang ist und etwa 2 Meter hinter dem Absprungbalken beginnt. Als Sprungweite, die entweder mit einem Maßband oder elektronisch ermittelt wird, gilt die Entfernung vom Ende des Absprungbalkens bis zum nächstgelegenen Körpereindruck im Sand.

Wem gelang der Sprung des Jahrhunderts?

Als der US-Amerikaner Bob Beamon 1968 bei den Olympischen Spielen in Mexiko-City einen riesigen Satz in die Sandgrube machte, brachte er sogar die Organisatoren in Verlegenheit. Die automatische Meßanlage, die bei 8,60 Metern endete, war zu kurz. Daher mußte eigens ein ausreichend langes Stahlmeßband geholt werden, um die neue Weltrekordweite zu messen: 8,90 Meter – das war der »Sprung des Jahrhunderts«. Beamon überraschte mit seiner Leistung die gesamte sportbegeisterte Fachwelt, lag doch der alte Weltrekord gerade einmal bei 8,35 Metern. Das bedeutete eine unglaubliche Steigerung von 55 Zentimetern!
Bei diesem Wundersprung hatte auch wirklich alles zusammengepaßt. Mexiko-City liegt 2200 Meter über dem Meeresspiegel; in solchen Höhen ist die Luft besonders dünn. Das bedeutet für den Athleten, daß er einen recht geringen Luftwiderstand hat. Die Temperatur von 23° C war für Weitspringer ideal und die Rückenwindunterstützung von zwei Metern pro Sekunde genau an der Grenze des Erlaubten. Schließlich kam ein überaus schneller Kunststoffbelag auf der Anlaufbahn den Athleten zugute, und Bob Beamon traf haargenau den Absprungbalken, ohne nur einen Zentimeter an Weite zu verschenken.

Der »Sprung des Jahrhunderts« von Bob Beamon im Jahr 1968 setzte die Sportwelt in Erstaunen. Der Weltrekord hielt 23 Jahre lang.

Am ehesten schien sein Landsmann Carl Lewis befähigt, diesen Rekord zu brechen. Über Jahre hinweg sprang er beständig nah an den Weltrekord heran. Um so überraschender war es, als es 1991 bei den Weltmeisterschaften in Tokio der US-Amerikaner Mike Powell war, der mit neuer Weltrekordleistung von 8,95 Metern den Wettbewerb gewann. Carl Lewis konnte zwar Beamons Rekord ebenfalls um einen Zentimeter überbieten, mußte sich aber mit dem zweiten Platz hinter Powell begnügen.

Was bedeutet *hop – step – jump?*

Der Dreisprung steht selten im Mittelpunkt eines Leichtathletikwettkampfes. Oft werden die Springer als Känguruhs belächelt. Doch hat der Dreisprung seinen festen Platz in der Geschichte des Sports. Denn der allererste Olympiasieger der Neuzeit war ein Dreispringer: Der Amerikaner James B. Connolly gewann 1896 bei den Olympischen Spielen in Athen den Dreisprungwettbewerb mit 13,71 Metern.

Heute sind die Opfer, die Connolly bringen mußte, kaum mehr nachzuvollziehen. Er gab sein Studium auf, weil man ihm keine Sonderferien für die Olympiateilnahme gewährte, und mußte die 16tägige Schiffsreise aus eigener Tasche bezahlen. Doch der Weg nach Athen sollte sich für ihn ganz besonders lohnen. Neben der Goldmedaille im Dreisprung heimste er noch die Silbermedaille im Hochsprung und Bronze im Weitsprung ein. Nach seiner Heimkehr in die USA beschloß er, Schriftsteller zu werden, und das gelang ihm auch mit einigem Erfolg. Übrigens ist der Dreisprung auch heute noch eine olympische Disziplin, bisher jedoch nur für Männer.

Neben einem schnellen Anlauf und guter Sprungkraft ist beim Dreisprung auch die kräftige Armarbeit von großer Bedeutung, um zusätzlichen Schwung zu holen. Der Dreispringer hat, genau wie der Weitspringer, in einem offiziellen Wettbewerb sechs Versuche, eine Bestleistung aufzustellen.

Der Dreisprung ist eine besondere Art des Weitsprungs. Anlauf und Sprunggrube ent-

Christo Markov beim Step. *Der Bulgare gewann 1988 in Seoul die olympische Goldmedaille im Dreisprung mit 17,61 Metern.*

Eine technisch schwierige Disziplin ist der Dreisprung. Er bedarf eines schnellen Anlaufs, großer Sprungkraft und kräftiger Armarbeit.

sprechen der Anlage beim Weitsprung. Der Absprungbalken ist allerdings mindestens elf Meter vom vorderen Grubenrand entfernt. Es werden nacheinander ein Hüpfer (engl. *hop*), ein Schritt (*step*) und ein Sprung (*jump*) ausgeführt. Nach amerikanischem Vorbild hat sich folgende Sprungfolge durchgesetzt: Der Dreispringer muß beim zweiten Sprung mit demselben Fuß aufsetzen und wieder abspringen, mit dem er anfangs am Balken abgesprungen ist. Der dritte und letzte Absprung, der in der Sandgrube endet, wird stets mit dem anderen Fuß durchgeführt, also: rechts – rechts – links oder links – links – rechts.

Wann wird ein Rekord anerkannt?

Damit ein Rekord anerkannt wird, sind einige Voraussetzungen zu erfüllen. So müssen alle Läufe elektronisch gemessen werden. Handgestoppte Zeiten werden nicht mehr in die Rekordlisten aufgenommen. In den Laufdisziplinen bis einschließlich 200 Meter und beim Drei- beziehungsweise Weitsprung darf der Rückenwind nicht mehr als zwei Meter pro Sekunde betragen. Es kann daher geschehen, daß beispielsweise ein Läufer einen Wettbewerb in bisher noch nicht gelaufener Zeit gewinnt, diese Rekordleistung jedoch wegen zu starken Rückenwindes keine Anerkennung findet.

Oft fallen die Zieleinläufe so knapp aus, daß nur das Zielfoto als Beweismittel über die genauen Plazierungen und Zeiten Aufschluß gibt.

Während eines offiziellen Wettbewerbs müssen wenigstens drei zu Beginn vom Wettkampfbüro benannte Kampfrichter anwesend sein. Erst wenn sie alle ein Protokoll unterschreiben, erlangt der Rekord, dem sie beigewohnt haben, seine Gültigkeit. Und schließlich muß der Sieger sich nach dem Wettbewerb einer Dopingkontrolle unterziehen.

Die Würfe

Warum gibt es einen neuen Speer?

Das Werfen eines Speers gehört wohl zu den ältesten gebräuchlichen Übungen der Menschen. Schon in der Vorzeit und im Altertum wurde der Speer als Jagdgerät oder als Kriegswaffe benutzt. Und von jeher wetteiferten Jugendliche eines Volkes oder Stammes miteinander, wer den Speer wohl am weitesten werfen konnte.
Wir wissen, daß der Speerwurf als Teildisziplin des Fünfkampfes schon ab 708 v. Chr. bei den Olympischen Spielen der Antike ausgeübt wurde. Schon damals umwickelte man den Griff des Speers, jedoch nicht wie heute mit einer Schnur, sondern mit Lederstreifen. Früher bestand

Die Felsbilder, die aus einer Grotte in Südafrika stammen, zeugen davon, daß Buschmänner den Speer schon vor Jahrtausenden als Jagdwaffe benutzten.

das Wurfgerät überwiegend aus Birken- oder Eschenholz.
Heutzutage kann der Speer auch aus Metall gefertigt sein. Heutige Holzspeere sind allerdings mit spitzen Metallenden versehen. Das moderne Sportgerät für Herren soll mindestens 2,60 Meter lang und 800 Gramm schwer sein, das für

Damen mindestens 2,20 Meter lang und 600 Gramm schwer.
Im Lauf der Jahre hat man immer wieder versucht, neue Modelle mit verbesserten Flugeigenschaften zu konstruieren. Einige waren dicker, andere dünner, wieder andere hatten kürzere oder längere Stahlspitzen, manche waren sogar innen hohl. Seit 1991 muß der Speer außerhalb des Griffs völlig glatt sein, weil durch bestimmte Aufrauhungen zu große Weiten erzielt werden können.
Der zwischen 30 und 36,5 Meter lange Anlauf des Speerwerfers ist geradlinig. Berührt oder überschreitet der Wettkämpfer den Abwurfbogen am Ende der Anlaufstrecke, ist der Wurf ungültig. Ebensowenig wird er gewertet, wenn der Speer nicht an der vorgeschriebenen Griffstelle gefaßt wird oder nach dem Wurf nicht zuerst mit der Spitze den Boden trifft. Außerdem muß, wie bei allen Wurfdisziplinen, auch

Der Griff des Sportspeers muß mit einer Schnur umwickelt sein. Heutzutage ist das Wurfgerät meist aus Leichtmetall gefertigt.

der Speer innerhalb des trichterförmigen Wurffeldes landen.
Vom Anfang des Anlaufes bis zum Wurf darf der Rücken des Speerwerfers nicht zum Abwurfbalken zeigen und der Sportler sich nicht drehen. Im Jahr 1956 sorgte der Spanier Miguel de la Quadra mit einer neuen Technik für Aufsehen. Er schleuderte den Speer im Stile eines Diskuswerfers und erzielte große Weiten. Doch da er nicht nur sich selbst, sondern auch Umstehende gefährdete, wurde diese Art des Speerwurfs für Wettkämpfe vom Internationalen Leichtathletikverband verboten.
Während des kraftvollen Anlaufs muß der Speerwerfer den Speer weit nach hinten führen und den Körper in die weitest mögliche Rückenlage bringen. Wie durch einen gespannten Bogen wird der Speer nun nach vorne geschleudert. Bei Gegenwind sollte er steiler abgeworfen werden, bei Rückenwind flacher. Durch einen Umsprung auf das andere Bein versucht der Werfer den Schwung abzufangen, um ein Übertreten zu verhindern.
Als Wurfweite gilt die Strecke von der Innenkante des Abwurfbalkens bis zur Einstichstelle. Große Kraft, Schnelligkeit, besondere Gewandtheit und Beweglichkeit sind die Voraussetzungen für eine gute Speerwurftechnik.

Diskus- und Speerwerfen gehörten bei den Griechen zum Fünfkampf. Dieser war ab dem Jahr 708 v. Chr. olympische Disziplin.

Das Speerwerfen der Damen gehört erst seit 1932 zum olympischen Programm. Der Frauenspeer ist bis zu 2,20 Meter lang und wiegt 600 Gramm.

Bei einer guten Wurftechnik kommt es darauf an, den Speer bogenartig aus dem Rücken nach vorne zu schleudern.

Uwe Hohn aus der ehemaligen DDR stellte 1984 mit 104,80 Metern einen neuen Weltrekord auf. Damit war ein kritischer Punkt erreicht. Die Rasenflächen sind nämlich oft nur wenig länger als 105 Meter. Solche Weiten bedeuten daher ein zu großes Risiko, weil sie eine Gefahr für Zuschauer und Kampfrichter darstellen. Als Folge ist seit 1986 für Männer nur noch ein neuer, veränderter Sportspeer erlaubt, bei dem der Schwerpunkt 106 Zentimeter (zuvor 110 Zentimeter) von der Spitze entfernt liegt. Je weiter nämlich der Schwerpunkt von der Speerspitze entfernt liegt, desto größere Weiten können erzielt werden. Uwe Hohn wird mit seiner damaligen Weite für immer den Weltrekord mit dem alten Speer innehaben.

Wie alt ist der Diskuswurf?

Zu den unglücklichsten Leichtathleten aller Zeiten darf man sicherlich den französischen Diskuswerfer Jules Noël rechnen. Als er 1932 bei den Olympischen Spielen in Los Angeles den Diskus über 49 Meter schleuderte, hätte das den Sieg für ihn bedeutet. Doch die Kampfrichter hatten sich einem anderen Wettbewerb zugewandt und dadurch den »Siegeswurf« nicht beobachtet. Trotz heftiger Proteste und zahlreicher Bezeugungen durch anwesende Journalisten und Zuschauer erkannten die Kampfrichter den Wurf nicht an, weil sie ihn ja nicht gesehen hatten. Dem enttäuschten Franzosen gelang danach kein ähnlich guter Wurf mehr, und er mußte mit leeren Händen nach Hause fahren.

Das Diskuswerfen gehörte schon im Altertum zu den sportlichen Wettbewerben. Das Wort Diskus kommt vom griechischen *diskos* (»Scheibe«). Dieses Wort findet man heute in »Compact Disk« (CD) oder »Diskothek«, in der »Scheiben«, also Schallplatten, abgespielt werden. Schon der griechische Dichter Homer (8. Jahrhundert v. Chr.) berichtete in seinen berühmten Werken *Ilias* und *Odyssee* vom Diskuswerfen. Überlieferungen über die Ausführung des Wurfes sind aber nicht

Der Diskus wird heute aus einem Wurfkreis von 2,50 Meter Durchmesser hinausgeworfen. Dieser Wurfkreis wird aus Sicherheitsgründen von einem hohen Schutzgitter umgeben und ist nach vorne zum Wurffeld frei. Die Weite wird gemessen von der Auftreffstelle bis zur Innenkante des Wurfkreisringes, welcher nicht überschritten werden darf, da der Wurf sonst ungültig ist.

Wer gewann vier Goldmedaillen im Diskuswerfen?

Die heute übliche Diskusscheibe besteht aus Holz mit einem Kern aus Metall und wird von einem Metallreifen umrandet. Bei einem Durchmesser von 22 Zentimetern

bekannt. Durch Funde sind Diskusscheiben von unterschiedlichem Gewicht und Material (Stein, Holz, Kupfer oder Bronze) belegt.
In der Neuzeit wurde der Diskuswettbewerb 1870 in Griechenland anläßlich nationaler olympischer Feste wiederbelebt. In den folgenden Jahren galten die Griechen in ihrer Paradedisziplin als unbezwingbar. Entsprechend groß war die Enttäuschung der griechischen Favoriten bei den ersten neuzeitlichen Olympischen Spielen 1896 in Athen: Sie mußten sich dem unbekannten Amerikaner Robert Garrett geschlagen geben. Während die Griechen den schwierigen Wurf, der damals ohne Anlauf aus dem Stand ausgeführt wurde, monatelang geübt hatten, war für Garrett das Diskuswerfen eine vollkommen neue Disziplin, und er hatte so etwas zuvor in seinem Leben noch nie versucht.

Der Diskuswerfer dreht sich $1\,^3/_4$mal zur Kreismitte hin und legt durch Strecken des Körpers seine ganze Kraft in den Abwurf.

Die Vasenmalerei zeigt einen griechischen Diskuswerfer. Antike Wurfscheiben bestanden aus Stein, Holz, Kupfer oder Bronze.

und einer Stärke von 44,5 Millimetern wiegt der Herrendiskus genau zwei Kilogramm. Der Frauendiskus ist bei 18 Zentimetern Durchmesser und 37 Millimetern Stärke ein Kilogramm schwer. Der Diskus ist das einzige Wurfgerät in der Leichtathletik, das aufgrund seiner Form bei Gegenwind größere Weiten erreichen kann.

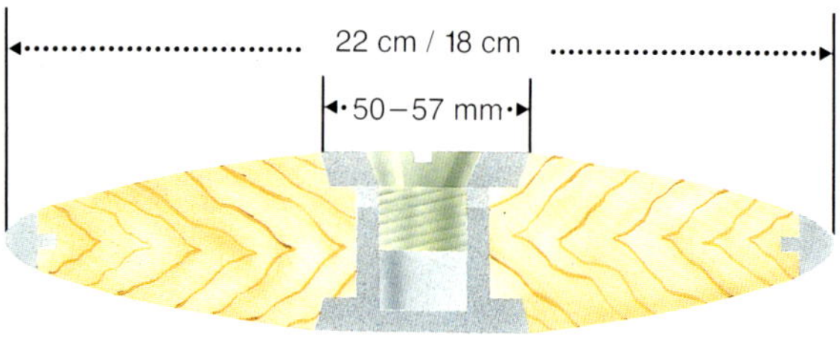

Der Durchmesser des Holzkörpers beträgt rund 22 cm (Herren) und rund 18 cm (Damen), der des Metallkerns bei jedem Diskus 50–57 mm.

Al Oerter beim Anschwung im »Eisenkäfig«. Das über drei Meter hohe Gitter dient dem Schutz der Umstehenden, falls ein Wurf mißlingt.

Man unterscheidet im Diskuswerfen verschiedene Phasen (siehe auch Zeichnung Seite 38/39): Der Werfer steht mit gespreizten Beinen und mit dem Rücken zur Wurfrichtung am hinteren Ende des Wurfkreises, holt mit Armen und Oberkörper zum Anschwung aus (1) und dreht sich dann $1^3/_4$mal zur Kreismitte hin (2). Durch Strecken des Körpers legt der Werfer seine ganze Kraft in den Abwurf (3). In der Abfangphase nach dem Abwurf müssen die Füße schnell so umgesetzt werden, daß der Athlet durch den Schwung seines Körpers nicht aus dem Kreis hinaustritt.

Zu den herausragenden Persönlichkeiten des Sports überhaupt gehört der Amerikaner Al Oerter. Ihm gelang das seltene Kunststück, viermal in einer Disziplin, im Diskuswerfen, die olympische Goldmedaille zu gewinnen. Sein Siegeszug begann 1956 bei den Spielen in Melbourne mit 56,36 Metern und endete, nach weiteren Siegen 1960 in Rom und 1964 in Tokio, im Olympiastadion von Mexiko-City 1968 mit der Weite von 64,78 Metern. Am Ende seiner Laufbahn bedauerte es Al Oerter, daß die Olympischen Spiele nur alle vier Jahre stattfinden. Wer weiß, wie viele Goldmedaillen er sonst noch gewonnen hätte!

Wie schwer ist die Kugel?

Das Kugelstoßen entwickelte sich aus den seit Urzeiten üblichen Wettkämpfen, bei denen Steine und Gegenstände aus Metall gestoßen wurden. Kugelstoßen ist seit 1896 olympische Disziplin für Herren, seit 1948 für Damen.

Die Kugel wird aus einem Kreis von 2,135 Metern Durchmesser gestoßen, der durch einen festen Abstoßbalken begrenzt ist. Der Balken darf nicht übertreten werden. Die Kugel muß mit einer Hand in der Nähe

Den Balken des Wurfkreises darf der Kugelstoßer nicht übertreten, sonst ist der Wurf ungültig. Linien auf dem Rasen geben die Weite an.

des Kinns gehalten und von der Schulter aus gestoßen werden.
Der Kugelstoßer steht zunächst mit dem Rücken zum Abstoßbalken. In gebückter Haltung dreht er sich in die Stoßrichtung und richtet dabei seinen Körper auf, um seine ganze Körperkraft zusätzlich in den Stoß zu legen.
Dieser Stoßstil heißt auch O'Brien-Technik. Sie gilt heute als Standard für die Weltklasse. Benannt wurde sie nach ihrem Erfinder Parry O'Brien. Der Amerikaner revolutionierte diese Disziplin wie kein anderer, wurde doch die Kugel zuvor nur durch einen Ansprung aus gebeugter Körperhaltung heraus gestoßen. O'Brien übertraf als erster die 18- und die 19-Meter-Marke. Zwischen 1953 und 1959 verbesserte er den Weltrekord zehnmal, von 18 Meter auf 19,30 Meter. 1952 und 1956 konnte er sich jeweils in die Siegerlisten der Olympischen Spiele eintragen.
Die Weite wird von der nächstliegenden Aufschlagstelle der Kugel bis zur Innenkante des Balkens mit Hilfe eines herkömmlichen Zentimeterbands oder einer elektronischen Einrichtung, die an einen Computer angeschlossen ist, gemessen.
Je nach Altersklasse und Geschlecht verwendet man Kugeln unterschiedlicher Gewichte. Die völlig runde Kugel aus Eisen oder Messing wiegt bei den Wettbewerben der Männer 7,257 Kilogramm (16 englische Pfund), in der männlichen Jugendklasse A (17–18 Jahre) 6,250 Kilogramm,

Die Kugelstoßerin dreht sich nach zwei Hüpfern zum Wurffeld hin und richtet den Körper auf, um ihr ganzes Körpergewicht in den Stoß zu legen.

in der Jugendklasse B (15–16 Jahre) 5 Kilogramm und in der Schülerklasse A (13–14 Jahre) 4 Kilogramm. Bei den Frauen beträgt das Kugelgewicht 4, bei Schülerinnen 2,5 Kilogramm.

Wie sieht ein Wurfhammer aus?

Der Hammer spielte in den Kriegen der Frühzeit eine große Rolle und soll als Waffe bis zum Dreißigjährigen Krieg (1618–1648) verwendet worden sein. Später ist er von schottischen Schmieden wiederentdeckt worden, die bei Volksfesten Wurfhämmer mit starrem Stiel als Sportgeräte schleuderten. Seit 1900 ist

Hammerwerfen olympische Disziplin, aber nur bei den Herren. Frauen üben diese Sportart zwar auch aus, doch an offiziellen Wettkämpfen wird das Hammerwerfen für Damen noch nicht ausgetragen.
Mit dem üblichen Hammer hat der Wurfhammer in der Leichtathletik nichts mehr gemeinsam. Er besteht aus einer Metallkugel, meist Messing oder Wolfram, die durch ein etwa 120 Zentimeter langes Drahtseil mit einem Handgriff verbunden ist. Die Kugel, auch Hammerkopf genannt, wiegt für Männer 7,257 Kilogramm und hat einen Durchmesser von 11 bis 13 Zentimetern.
Geschleudert wird der Hammer aus einem Kreis von 7 englischen Fuß Durchmesser (das sind 2,135 Meter). Dieser Kreis wird von einem mindestens 3,35 Meter hohen Schutzgitter umgeben, das zum Wurffeld hin geöffnet ist. Dieser »Eisenkäfig« dient zum Schutz der Umstehenden, falls ein Wurf die Richtung verfehlen sollte.

Jury Sedych war mit zwei Olympiagoldmedaillen (1976 und 1980) sowie vier Weltrekorden einer der erfolgreichsten Hammerwerfer.

Schottische Schmiede entdeckten im 19. Jahrhundert den Hammer als Sportgerät. Noch heute werden bei »Highlandgames« Hämmer mit starrem Stiel geworfen.

Der Hammerwerfer hält den Griff mit beiden Händen fest und steht zunächst mit dem Rücken zum Wurffeld am hinteren Teil des Wurfkreises. Nun dreht er sich bei zweckmäßiger Körperhaltung bis zum Vorderkreis und läßt den Hammer los. Ziel ist es, dem Wurfgerät durch die Drehungen die größtmögliche Beschleunigung zu geben und damit die größte Weite zu erreichen. In der Spitzenklasse sind drei bis vier Körperdrehungen innerhalb des Wurfkreises üblich.

Vor dem Wettkampf kontrolliert das Kampfgericht jeden Hammer auf Gewicht, Länge und Beschaffenheit, um Chancengleichheit zu sichern.

Die Mehrkämpfe

Aus welchen Disziplinen besteht ein Zehnkampf?

»Könige der Athleten« werden die Zehnkämpfer häufig genannt. Den Ehrentitel verdienen sich die Sportler durch ihre Vielseitigkeit, die sie in zehn verschiedenen Disziplinen der Leichtathletik beweisen. An zwei Tagen werden die Wettbewerbe in folgender Reihenfolge ausgetragen: Am ersten Tag 100-Meter-Lauf, Weitsprung, Kugelstoßen, Hochsprung und 400-Meter-Lauf, am zweiten Tag 110 Meter Hürden, Diskuswerfen, Stabhochsprung, Speerwerfen und 1500-Meter-Lauf.

Die Leistungen in den einzelnen Übungen werden nach einer Tabelle des Internationalen Leichtathletikverbandes mit Punkten bewertet. Erst das Endergebnis entscheidet über Sieg und Niederlage.
Einen Vorläufer des modernen Zehnkampfes gab es schon bei den antiken Olympischen Spielen: den Fünfkampf, auch Pentathlon genannt. Er bestand aus Lauf, Weitsprung, Diskus- und Speerwerfen sowie einem Ringkampf.

Wegen ihrer Vielseitigkeit werden die Zehnkämpfer – hier der zweimalige Olympiasieger Daley Thompson – »Könige der Athleten« genannt.

In der Neuzeit entwickelten sich in Deutschland, Großbritannien und Irland volkstümliche Mehrkämpfe, die gewisse Ähnlichkeiten mit der heutigen Wettkampfform aufweisen. Als direkter Vorgänger des Zehnkampfs gelten die 1884 erstmals ausgetragenen amerikanischen *All around championships.* Diese Vielseitigkeits-Meisterschaften umfaßten die Disziplinen 100-Yards-Lauf, Kugelstoßen, Hochsprung, 880-Yards-Gehen, Hammerwerfen, Stabhochsprung, 100-Yards-Hürdenlauf, Gewichtwerfen (25,4 Kilogramm) und Meilenlauf. Die heute übliche Wettkampfform des Zehnkampfes wurde 1911 im schwedischen Göteborg zum ersten Mal ausgetragen und als Vorschlag für die Olympischen Spiele im Jahr 1912 in Stockholm angenommen.

Um den ersten Olympiasieger im Zehnkampf, den Indianer Jim Thorpe, gab es einen Skandal. Überlegen hatte er den Wettbewerb mit 8413 Punkten (6845 Punkte nach heutiger Wertungstabelle) gewonnen. Dann fand das Wettkampfgericht jedoch heraus, daß Thorpe in den Jahren zuvor gegen eine lächerliche Bezahlung Baseball gespielt hatte. Das vertrug sich aber nicht mit der damals streng angewendeten Regel, nach der nur reine Amateure bei Olympischen Spielen starten durften.

Somit wurde Thorpe der Sieg abgesprochen, und der Zweitplazierte, der Schwede Hugo Wieslander, erhielt das erste olympische Gold im Zehnkampf. Erst im Jahre 1982, lange nach seinem Tod, sprach das Internationale Olympische Komitee Thorpe die Medaillen (er hatte 1912 auch den Fünfkampf gewonnen) offiziell wieder zu.

Der Amerikaner Jim Thorpe gewann 1912 den ersten olympischen Zehnkampf. Über seinen Sieg durfte er sich allerdings nicht lange freuen.

Obwohl der Zehnkampf nach 1912 stets olympische Disziplin blieb, fand er in der ersten Hälfte unseres Jahrhunderts wenig Beachtung und Verbreitung. Zu beschränkt waren weltweit die Trainingsmöglichkeiten für den Mehrkampf.
Das sollte sich nach dem Zweiten Weltkrieg ändern. Der Zehnkampf fand zunehmend Interesse. Die fünfziger Jahre hindurch beherrschte der Dauerzweikampf zwischen dem Amerikaner Rafer Johnson und seinem russischen Rivalen Wassili Kusnezow das Geschehen. In den sechziger Jahren spielten deutsche Sportler eine bedeutende Rolle. Werner von Moltke, Willi Holdorf, Hans-Joachim Walde, Jörg Matheis und Horst Beyer gewannen

Die Siebenkämpferin Jackie Joyner-Kersee aus den USA 1988 in Seoul beim Olympiasieg, den sie vier Jahre später in Barcelona wiederholte.

Medaillen bei Olympischen Spielen und Europameisterschaften. Kurt Bendlin stellte 1967 mit 8319 Punkten einen Weltrekord auf, der zwei Jahre gültig blieb.
In den achtziger Jahren gab es den ständigen Zweikampf zwischen dem Deutschen Jürgen Hingsen und dem Briten Daley Thompson. Zwar verbesserte der Deutsche mehrmals den Weltrekord, bei den großen Meisterschaften hatte aber stets der Brite die Nase vorn. Er gewann auch 1980 und 1984 jeweils die olympische Goldmedaille.

Seit wann gibt es den Siebenkampf für Damen?

Eine wechselvolle Geschichte haben die Mehrkämpfe der Damen. Erstmals gab es 1934 bei den Weltspielen für Frauen einen Fünfkampf mit den Disziplinen Kugelstoßen, Weitsprung, 100-Meter-Lauf, Hochsprung und Speerwerfen. Nach dem Zweiten Weltkrieg wurde das Speerwerfen aus dem Programm genommen, die 200- statt 100-Meter-Distanz gesprintet und ein Hürdensprint über zunächst 80, später 100 Meter eingeführt. Von 1964 bis 1980 war der Fünfkampf olympischer Wettbewerb.
Allerdings hatten bei der Kombination der Disziplinen sprung- und laufstarke Athletinnen Vorteile, denn als Wurf war nur Kugelstoßen vorgesehen. Um das Ungleichgewicht zu korrigieren, ersetzte der Internationale Leichtathletikverband 1981 den Fünfkampf durch den Siebenkampf.
Die Disziplinen des Siebenkampfes sind auf zwei Tage verteilt: am ersten Tag 100 Meter Hürden, Hochsprung, Kugelstoßen und 200-Meter-Lauf, am zweiten Tag Weitsprung, Speerwerfen und 800-Meter-Lauf. Die erste Goldmedaille im Siebenkampf gewann die Australierin Glynis Nunn 1984 bei den Spielen von Los Angeles.

Der Siebenkampf löste 1981 den Fünfkampf ab. Eröffnet wird der Mehrkampfwettbewerb der Damen stets mit dem 100-Meter-Hürdenlauf.

Doping

Was ist Doping?

Im Jahr 1988 sorgte der Kanadier Ben Johnson für den bisher größten Skandal in der Geschichte der olympischen Leichtathletik. Weil ihm nach dem Gewinn des 100-Meter-Laufs bei den Spielen von Seoul die Einnahme von Dopingmitteln nachgewiesen wurde, verlor er seine Goldmedaille. Seine bei diesem Lauf und ein Jahr zuvor bei den Weltmeisterschaften von Rom erzielten Weltrekorde (9,79 bzw. 9,83 Sekunden) erklärte der Internationale Leichtathletikverband nachträglich für ungültig. Ben Johnson wurde für zwei Jahre für alle offiziellen Wettkämpfe gesperrt. Nach Ablauf dieser Sperre schaffte er – ohne Doping – nicht annähernd so gute Ergebnisse.

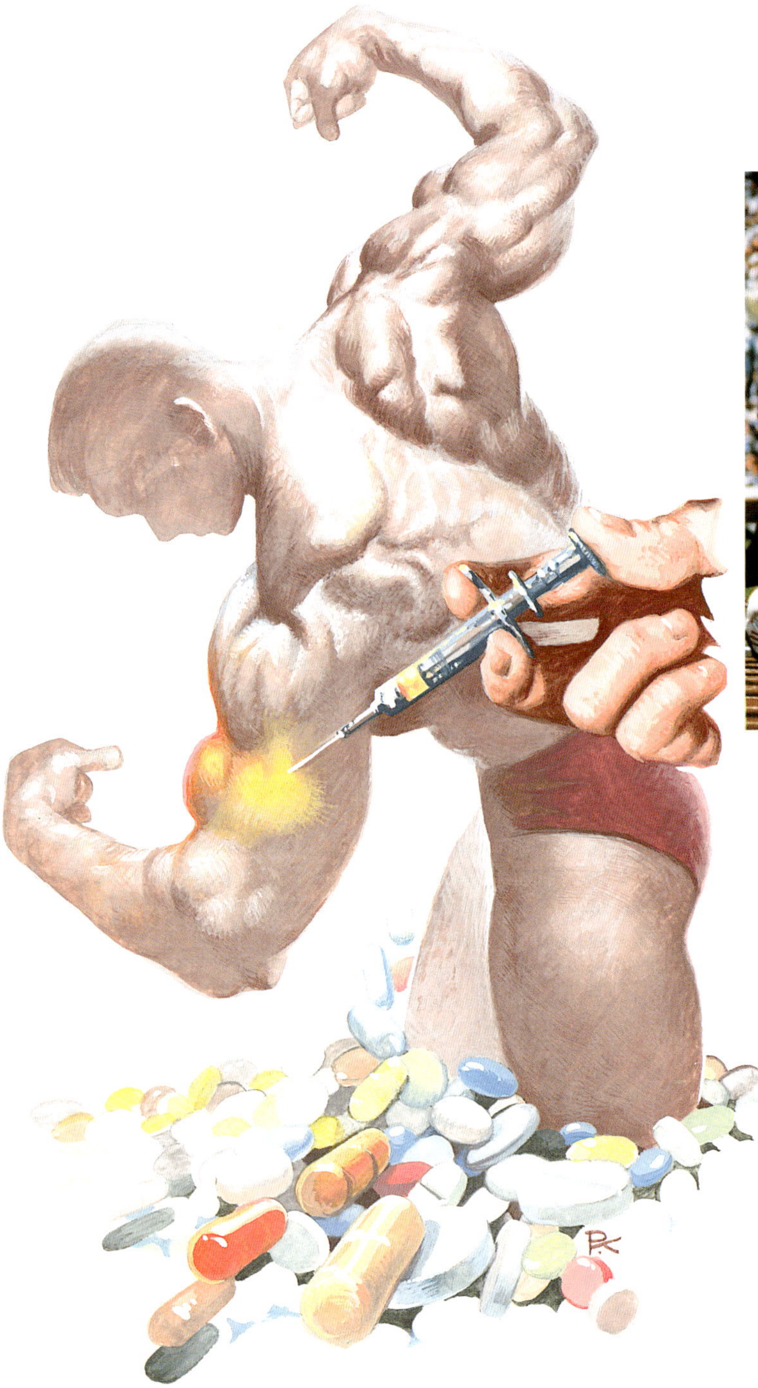

Ben Johnson auf dem Weg zum Sieg, der seine größte Niederlage war: Er wurde des Dopings überführt und verlor seine Goldmedaille.

Obwohl es schon vorher Fälle von unerlaubter Medikamenteneinnahme gegeben hatte, war Doping erst durch Johnson und seinen fabelhaften Weltrekord, der doch keiner war, in aller Munde.

Doch was ist Doping eigentlich genau? Doping ist die unerlaubte Steigerung der Leistungsfähigkeit eines Athleten mit künstlichen Mitteln. Der Sportler nimmt dabei, kurzfristig oder über einen längeren Zeitraum hinweg, anregende, aufputschende oder leistungssteigernde Mittel ein, die beispielsweise Muskelwachstum

Dopingmittel gefährden die Gesundheit und können sogar zum Tod führen, wie 1968 im Fall des Boxers Jupp Elze (rechts).

und damit Kraftzuwachs bewirken. Die Einnahme von Dopingmitteln kann gesundheitliche Schäden verursachen, im schlimmsten Fall sogar bis zum Tod führen. Der Radprofi Tom Simpson zum Beispiel starb 1967 bei der Tour de France und der Berufsboxer Jupp Elze nach einem Wettkampf 1968, weil sie beide durch Doping ihre natürlichen Leistungsgrenzen überschritten hatten. 1987 starb die deutsche Siebenkämpferin Birgit Dressel an einer Überdosis von unterschiedlichen Medikamenten.

Welche Dopingmethoden werden häufig angewendet?

Dopingmittel, die über einen längeren Zeitraum angewendet werden, sind zum Beispiel die Anabolika, die meist als Tabletten eingenommen oder manchmal gespritzt werden. Diese Tabletten nennt man auch Muskelpillen, weil sie das Muskelwachstum fördern.
Anabolika bestehen aus männlichen Hormonen und können zum Teil unangenehme und gefährliche Nebenwirkungen haben, zum Beispiel Bartwuchs bei Frauen, vorzeitige Beendigung des Wachstums bei Jugendlichen, nervliche Störungen und nachteilige Einwirkungen auf die Sehnen.
Lange Zeit waren Anabolika bei Dopingkontrollen nur bis zu sechs Wochen nach der Anwendung nachweisbar. Neuerdings gibt es aber Methoden, die eine noch länger zurückliegende Einnahme beweisen können. Werden keine neuen Anabolika mehr genommen, bildet sich die künstlich erzeugte Muskelmasse nur sehr langsam wieder zurück.
Es gibt auch Sportler, die sich kurz vor Wettkämpfen Blutpräparate spritzen lassen, die besonders viele rote Blutkörperchen enthalten. Diese ebenfalls verbotene Methode nennt sich »Blutdoping«. Die roten Blutkörperchen bringen den Sauerstoff, den »Brennstoff« des Körpers, zu den Muskeln und Organen. Die erhöhte Menge an roten Blutkörperchen soll die Leistung des Athleten steigern, denn dem Körper wird ja dadurch mehr Sauerstoff zur Verfügung gestellt.
Man nennt diese Methode auch Blutaustausch; Austausch deshalb, weil dem Athleten ungefähr ein Liter Blut abgenommen und ihm die gleiche Menge von angereichertem Blut wieder eingespritzt wird. Das gespritzte Blut kann auch von einer anderen Person stammen.
Schwarze Schafe gibt es hauptsächlich unter den Ausdauersportlern, wie zum Beispiel Langstreckenläufern, die das Blutdoping in der Vergangenheit häufig anwendeten. Negative Folgen können sein: Blutarmut, Allergien, Nierenschädigungen und sogar Infektionskrankheiten wie zum Beispiel die Immunschwächekrankheit AIDS.

An allen bedeutenden nationalen und internationalen Wettkämpfen und Meisterschaften werden Dopinguntersuchungen durchgeführt. Im allgemeinen werden die vier Erstplazierten in Einzel- und Mannschaftsdisziplinen kontrolliert und zusätzlich weitere Athleten ausgelost. Ein Sportler kann während eines Wettkampfes auch mehrmals zur Dopingkontrolle gebeten werden.

Wer muß zur Dopingkontrolle?

Bei Dopingverdacht besteht die Möglichkeit, weitere Athleten zu überprüfen. Auch stichprobenartige Kontrollen von Athleten während des Trainings und der wettkampffreien Zeit sollen das Doping, vor allem die Einnahme von Anabolika, verhindern.

Der Stellenwert des Sports ist in den letzten Jahrzehnten enorm gestiegen. Längst trifft der lange gültige Ausdruck von der »schönsten Nebensache der Welt« nicht mehr zu. Mit dem Sport wird viel Geld verdient. Die Freizeitindustrie setzt mit dem Verkauf von Ausrüstung und Bekleidung Milliardenbeträge um. Fernsehanstalten in der ganzen Welt zahlen riesige Summen für Übertragungsrechte von Sportveranstaltungen, weil dadurch viele Zuschauer vor den Bildschirm gelockt werden. Der Sport war gleichzeitig lange Jahre Austragungsort eines Wettkampfes zwischen zwei Gesellschaftssystemen – dem Kommunismus und dem Kapitalismus. Osten und Westen versuchten vor allem bei Olympischen Spielen, sich durch aufsehenerregende sportliche Ergebnisse gegenseitig die Überlegenheit ihres politischen Systems zu beweisen.

Stellt Doping eine Gefahr für den Sport dar?

Ein enorm gestiegener Leistungsdruck war für den Athleten die Folge aus all diesen Entwicklungen. Anfangs reichte es noch aus, mehr und gezielter nach den Erkenntnissen der modernen Sportwissenschaft zu trainieren, um bessere Leistungen zu erreichen. Jedem Menschen ist jedoch irgendwann eine natürliche Grenze gesetzt. Weil der Druck von außen aber ständig neue Bestleistungen verlangt, liegt die Versuchung nahe, die Grenze der natürlichen Leistungsfähigkeit durch Einsatz von Doping künstlich zu verschieben. Doch damit setzt der Sportler nicht nur seine Gesundheit und Würde aufs Spiel, sondern er untergräbt auch das oberste Prinzip des Sports, die Fairneß. Wenn Athleten Regeln nicht beachten, wenn sie nicht verlieren können und durch den Einsatz von Medikamenten die Chancengleichheit verzerren, dann hat der Wettkampfsport keinen Sinn mehr.

»Spitzenleistung auch ohne Doping« – dafür setzt sich die deutsche Weltklasse-Hochspringerin Heike Henkel ein.